AF552191

KATJA KRAMER

DER RUF DEINER SEELENHEIMAT

Eine kraftvolle Erinnerung, die dein Potenzial hier auf Erden erweckt

Deine Wegbegleiterin

Meine größte Vision war es immer, mit meinem Wirken Herzen zu berühren. Herzen zu erinnern und Herzen zu öffnen.

Als bodenständige Frau, aufgewachsen im schweizerischen Toggenburg, war es für mich lange Zeit nicht leicht, zu meiner hochsensitiven Wahrnehmung zu stehen. Lange wehrte ich meine extrem feinen Empfindungen ab. Aus Angst, anders zu sein, anders, als die Gesellschaft mich wollte. Durch viele Ablehnungen musste ich hindurch und wurde durch diesen Schmerz stärker. Ich machte mich nach einer längeren Krankheitsgeschichte mit sechsundzwanzig Jahren selbstständig und entwickelte meine eigene Coachingmethode mit heilsamen Urgesängen, die an eine Art Licht-Seelensprache erinnern. Heute begleite ich feinfühlige Menschen zurück zu ihrer Uressenz.

INHALT

Schön, dass du hier bist

Wir brauchen hier unten keine Maschinen und Roboter, nein, wir brauchen Menschen, die Tiefe zulassen, Menschen wie dich und mich. Pioniere, die voranschreiten, Schmerz zeigen, Leid teilen, aber auch Freude und Liebe offenbaren.
Ich erinnere mich an einen Ort, wo wir alle gleich sind. Einen kraftvollen Ort, an dem du und ich, wir alle verbunden sind. Dieser Ort ist größer, als wir ihn uns jemals vorstellen können. Es ist ein Ort, wo Liebe alles heilt. Ein Ort, wo Liebe siegt. Liebe, die so hell und so klar ist, dass alles durchleuchtet wird und sich geborgen fühlen darf. An diesem Ort sind wir alle gleich. Gleich verletzlich. Gleich lichtvoll und stark. Doch wir haben vergessen, dass wir uns an diesen Ort erinnern dürfen. Dass wir hier sind, um uns neu daran zu erinnern, dass Kraft in uns steckt.
Einst wurden wir verleugnet. Wir wurden gedemütigt, nicht anerkannt. Doch das war. Nun ist die kraftvolle Zeit, für die wir uns vorbereitet haben, gekommen und mit diesem Buch möchte ich dich auf eine tiefgehende Reise mitnehmen. Möge dich der Einblick in meine Prozesse und meine gechannelten Botschaften liebevoll und erweckend zugleich an deine ureigene Essenz erinnern.
Deine Zeit des Erwachens ist da. Deine Zeit, in der du deiner Seelenessenz in der Tiefe deines Herzens begegnen darfst und von Tag zu Tag tiefer entfachen darfst, was da tief in deiner Seele steckt.
Es ist mir eine Ehre, dich zu erinnern. Es ist mir eine Ehre, dich zu begleiten, denn ich fühle tief in mir: Du und ich, wir werden gebraucht. Wir werden benötigt als Einheit, als kraftvolle Pioniere.
Wie schön, dass du hier bist, hier mit mir, auf dieser Erde.
Herzlich,

Katja

WIDMUNG

So vieles ist seit einigen Jahren auf der Erde im Umbruch und in jedem von uns ist diese tiefe Aufbruchstimmung und Neuausrichtung fühlbar. Als ich dem Ruf gefolgt bin, dieses Buch zu schreiben, fühlte ich eines ganz tief in mir: meine innere Anbindung an die Quelle. Da war ein Gefühl des Aufklärenwollens, des Voranschreitens und gleichzeitig des Ankommens.

Wir, du und ich, wir sind hier, um diese Welt, diesen Ort, diese Gesellschaft echt, authentisch und liebevoll zu erinnern. Wir sind hier, um uns selbst in unserer vollsten Schönheit zu erkennen und unser Strahlen nach außen zu tragen. Und vor allem sind wir hier, um der Würde unseres Ursprunges wiederzubegegnen, denn jahrelang haben wir sie vergraben. Aus Angst. Aus Angst davor, abgelehnt zu werden.

Ich schreibe dieses Buch aus der tiefen Demut heraus, auf dieser Erde eine kraftvolle Bewegung, einen Weckruf initiieren zu dürfen. Dieser Weckruf ertönt in dir. Er tat es schon immer. Durch die Zeilen dieses Buches nun wird er ganz neu erklingen. So wie ein Feuer, ein Licht, das seit Anbeginn der Zeit in dir lodert und nun liebevoll und kraftvoll zu seiner vollen Größe erweckt wird.

Auch mein Schmerz ist in dieses Buch eingeflossen, und das nicht, um Mitleid zu erwecken. Nein, ich schreibe davon aus der tiefen Vision heraus, dass da draußen so viele kraftvolle Menschen sind, die darauf warten, sich ebenfalls zu zeigen. Sie warten darauf, ihre ureigene Lichtkraft zu leben. Und ich glaube zu spüren, dass du, liebe Leserin, lieber Leser, zu diesen wundervollen Seelen gehörst.

Dieses Buch mitsamt seinen Ausschnitten aus meiner Lebensgeschichte als hochsensitiver Mensch und allen darin enthaltenen gechannelten Botschaften aus höheren Sphären widme ich jedem Menschen da draußen, der bereit ist, seine Verletzlichkeit wieder zuzulassen, um sich aus dem Massendenken zu lösen und die Massenwege zu verlassen.

Wir sind nicht ohne Plan hier auf der Erde. Wir haben eine Mission und es wird Zeit, sie zu leben.

Ich widme dieses Buch meinem wundervollen und kraftvollen Mann an meiner Seite, der mich und mein Wesen täglich tiefer erstrahlen lässt und mich liebevoll, erdend und schützend zugleich aus dem Hintergrund begleitet und unterstützt. Es gibt keine Worte für unsere Liebe. Ich widme dieses Buch auch der Familie meines Mannes und unserer wundervollen Herzverbindung, die ich sehr schätze.
Ich widme es meiner Familie, meinem Vater, meiner Mutter und meinem Bruder, denn ihr habt mich zu diesem Menschen gemacht, der ich heute bin. Und ich weiß und spüre aus der Tiefe meines Herzens, dass wir uns für diese Inkarnation als Familie ausgesucht haben, um gemeinsam zu wachsen und unsere Seelen zu stärken.
Vor allem widme ich dieses Buch dir, mein liebes Kind, mein wundervoller Sohn, denn während des Schreibens weiltest du in meinem Bauch und stärktest und ermutigtest mich, meinen persönlichen Weg des Mich-Zeigens zu gehen, um damit dich, liebe Leserin, lieber Leser, an deinen ureigenen Weg des Dich-Zeigens und des Erwachens zu erinnern.

DIE VERBINDUNG IN HÖHERE SPHÄREN

MEIN KONTAKT GANZ NACH OBEN

Alles, was ich in diesem Buch schreibe, fließt aus der Urkraft meines Herzens und beruht auf meiner tiefen Verbindung zu meinem geistigen Lichtteam und meinen Begleitern, die ich seit meiner Kindheit pflege.

Wenn ich hier von meinem geistigen Lichtteam spreche, meine ich meine Geistführer, meinen Schutzengel, meine Begleiter, meinen zum Zeitpunkt des Schreibens ungeborenen Sohn wie auch meinen verstorbenen Großvater. Sie alle sind jetzt gerade an meiner Seite.

Schon als kleines Kind hatte ich Kontakt zu höheren Dimensionen und zum Jenseits. Mir war lange nicht bewusst, dass dies etwas ist, das nicht jeder Mensch so intensiv spürt wie ich. Mit meiner sehr fein ausgeprägten Wahrnehmung stand ich als Mensch immer wieder vor großen Hürden und Herausforderungen, die mich jedoch immer an etwas ganz Wertvolles erinnerten:

Wir sind niemals allein, auch wenn wir uns manchmal so fühlen. Wir sind vernetzt und verbunden. Wir sind schöpferische Wesen.

Heute und hier, wo auch immer du stehen magst, möchte ich dich an die Hand nehmen, dir aus meinem Leben erzählen, dich umarmen und dir einen tiefen Einblick in mein Herz schenken – damit du dich an die Verbindung zu deinem eigenen Herzen erinnern kannst. Damit du erkennen kannst, dass es da etwas in dir gibt, das dich leitet. Nennen wir es Licht, Universum, Kraft, Kompass oder Gott. Was es auch immer für dich sein mag, es ist deine ureigene Quelle.

Weißt du, ich war schon immer ein Mensch, der seinem Herzen folgt. Ich wusste schon von klein auf, dass es »mehr« um uns gibt. Mir war jedoch nie bewusst, wie dieses »Mehr« mit und durch uns arbeitet. Heute muss ich manchmal schmunzeln, denn in unserer Gesellschaft wird immer wieder gesagt, der oder die »hatte einen Schutzengel«. Man sagt es so, als ob es selbstverständlich wäre, was es ja auch ist, kennt aber die Bedeutung dahinter gar nicht. Schutzengel, Geistführer, Engel, Erzengel, aufgestiegene Meister, Verstorbene … sie existieren, nein, nicht in Märchen, sie sind um uns. Es ist einfach eine andere Dimension, eine andere Ebene. Warum gibt es beispielsweise Flugzeugabstürze, die Einzelne überleben? Wie ist es möglich, ein solches Ereignis zu überstehen? Nun, es ist Bestimmung und Führung. Und genau diese innere Führung möchte ich dir in diesem Buch als Erinnerung, als Weckruf und als liebevolle Umarmung offenbaren. Für dein Leben. Ich möchte dich anregen, tief in dich hineinzublicken, um dem Ruf deiner Seele folgen zu können.

Ich habe meine Begleiter nie wirklich physisch gesehen, aber immer nah bei mir gefühlt. Ihre tiefe Liebe und ihre Führung war und ist heute noch täglich für mich da und erfüllt mein Leben mit tiefer Demut. Als ich dieses Buch schrieb, floss es durch mich wie ein Wasserfall, der an der reinen, kraftvollen Bergquelle beginnt und durch Täler und Wälder strömt, voller Kraft und Stärke. Ich erlebte tiefe Zustände der Freude, der Dankbarkeit, aber auch des Schmerzes, der Trauer.

~ **Für jedes einzelne dieser Gefühle bin ich zutiefst dankbar, denn es hat mich zu einer noch tieferen Verbindung mit mir selbst geführt.**

Eine Verbindung zu anderen Dimensionen und Ebenen zu haben, war für mich nicht leicht und noch heute schüttelt und rüttelt es mich durch. Doch spüre ich ganz tief in mir, dass es für meine jetzige Inkarnation so vorgesehen ist. Warum auch immer. Es gibt Dinge, die können wir im menschlichen Sein nicht verstehen. Wir können sie nicht wissen, wir können sie nur fühlen. Fühlen im Herzen. Und da beginnt also meine Geschichte – und wer weiß, vielleicht auch deine.

WIE ICH SELBST BEIM SCHREIBEN HEILUNG ERFUHR

Während des Schreibens an diesem Buch durfte ich durch tiefe Heilungsebenen gleiten. Tiefe Einsichten ließen mich aufwachen und wissen, dass es da draußen immer noch so viel mehr gibt. Ich weinte oft, ließ alten Schmerz los und konnte mein Energiefeld immer freier und leichter machen.
Teilweise schrieb ich ganze Tage lang, ohne zu trinken und zu essen. Die Zeilen flossen nur so aus meinen Fingern. Oft fragte ich mich in diesen Tagen, was da auf der Erde noch alles auf mich wartet, denn ich spürte, dass die Zeilen dieses Buches der Anfang von etwas waren.
Ich hatte schon als kleines Mädchen gespürt, dass ich einmal Therapeutin werden und Menschen helfen wollte, sich selbst zu erkennen und zu leben. Ich wusste nur noch nicht, in welcher Form dies passieren würde.

Seit meiner Kindheit spüre ich diese tiefe Sehnsucht in mir, Menschen an ihren Ursprung zu erinnern. Und noch heute ist es mein Antrieb, für feinfühlige Menschen einen Raum zu erschaffen, in dem sie verstanden, angenommen und ernst genommen werden.

Ich weiß aus eigener Erfahrung, wie schwer ein Weg in einer Gesellschaft ist, in der man belächelt wird für das, was man ist und tut. Lass mich dich auf eine heilsame Reise mitnehmen. Lass mich dich umarmen und dich begleiten in die Tiefen deines Schmerzes. Lass mich dich auch erinnern, dass dieser tiefe Schmerz, den du in dir trägst, Wahrheit und Weisheit mit sich bringt. Lass mich dich begleiten, damit du in deine schöpferische Kraft, in die Selbstverantwortung und in deine ureigene wundervolle Lichtkraft zurückfindest.

WARUM ICH DIESES BUCH SCHREIBE

Spannend in meinem Leben und irgendwie auch faszinierend finde ich, dass ich selbst immer erst Heilung in einem Thema oder einem Lebensprozess erkennen kann, wenn ich mich mitteile und der Welt meine Gefühle zeige. Dies hat oft alles von mir gefordert. Mein tiefer Mut, aber auch meine tiefe Angst, sie beide waren stets wertvolle Begleiter an meiner Seite in all diesen Prozessen.

Da gab es Zeiten in meinem Leben, da habe ich mich wirklich gefragt, was ich hier unten auf dieser Erde eigentlich mache und warum man mich hier ausgesetzt hat. Oft habe ich mich allein, ausgeschlossen und nicht zugehörig gefühlt. Vielleicht weißt du, was ich damit meine. Es ist nicht so, dass ich keine Freunde habe oder keine Familie, in der ich mich geborgen und aufgehoben fühle. Doch spürte ich schon immer tief in mir, dass es noch eine zweite Familie gibt. Für mich ebenso wie für dich. Sie ist dieses »Mehr«, von dem ich schon schrieb, und das wollte ich stets erforschen. Ich wollte in die Tiefe meines Seins reisen – und in diesem Buch erfährst du mehr über dieses große Abenteuer. Das Abenteuer meines Lebens soll dich dabei an dein Abenteuer erinnern. Es soll dir helfen, dich an deine Essenz zu erinnern, dein Herz zu öffnen, deinen Verstand liebevoll anzunehmen und dir selbst und anderen liebevoll und achtsam zu begegnen. Ich wünsche dir damit tiefe Innenschau, heilsame Transformation und Selbstheilung.

Es kann sein, dass du beim Lesen alten Schmerz spürst, dass Tränen fließen oder innere Prozesse in dir ablaufen, denn dieses Buch ist nicht einfach eine Erzählung. Es trägt tiefe Liebe und Wandlung in sich. Bitte sei in dem Wissen, dass du auch, wenn Tränen fließen, nicht allein bist, dass jede Zelle meines Seins jede Zelle deines Seins umarmt, dich umhüllt, dich stärkt und dich ermutigt, dein wahres Sein zu erkennen.

Weißt du, ich glaube nicht daran, dass hier unten auf der Erde alles Licht und Liebe ist, weil es hier auf der Erde genau darum geht, dass wir Licht und Schatten erfahren können. Dass wir der Dualität begegnen und durch sie erkennen, dass alles eine Kehrseite hat. Daran dürfen wir wachsen und uns entwickeln.

Ich weiß, es ist schwer zu verstehen, warum etwas gerade dir passieren muss. Warum etwas gerade dir vielleicht auch mehrmals widerfahren muss. Doch was ist, wenn ich dir sage, dass gerade du die Starke, der Starke bist, der das aushalten und transformieren kann? Was ist, wenn ich dir sage, dass gerade du durch schwere Zeiten gehen darfst, nicht als Bestrafung, sondern aus dem tieferen Sinn heraus, dass du später anderen Menschen mit deinen Lebenserfahrungen helfen kannst? Was ist, wenn ich dir sage, dass die wahre Kraft in dir noch gar nicht in ihre vollste Entfaltung gekommen ist? Was ist, wenn ich dir sage, dass die wahre Kraft in dir sehnlichst darauf wartet, in ihrer vollen Einheit nach außen zu treten?

Ja, du wirst sagen, da ist Angst. Da ist die Angst vor deinem eigenen Licht. Was aber ist, wenn ich dir hier und jetzt sage, dass diese Angst unbegründet ist, weil sie zu anderen, früheren Inkarnationen gehört? Was ist, wenn ich dir sage, dass jetzt deine Zeit gekommen ist? Du wirst vielleicht fühlen, dass du es nicht verdient hast zu sein, wer du bist, und deine wahre Stärke nach außen zu tragen. Und ich werde dir auch hier sagen: Du hast es verdient. Du hast es verdient zu sein, wer du bist. Du hast es verdient, ein Leben in Fülle, Klarheit und im Einklang mit deinem inneren Fluss zu leben. Du hast es nicht nur verdient. Es ist deiner absolut würdig, deine innere Wahrheit zu erkennen und deine Anbindung an das Göttliche zu leben. Es gehört sogar zu deiner Bestimmung, dich hier unten auf der Erde auszudrücken und deine eigene Wahrheit zu leben.

Manchmal, wenn wir bereit sind und beginnen, unserer persönlichen Wahrheit zu vertrauen, kommt alles in Fluss, wie ein reiner Bergfluss, der an seiner Quelle frei, leicht und ungehindert beginnt zu fließen.

WIE BEI DIESEM BUCH ALLES IN FLUSS KAM

Bestimmt kennst du das starke Gefühl, diesen Moment, wenn du tief in dir spürst: Es ist einfach richtig. Genau jetzt und hier ist der Zeitpunkt für etwas Großes gekommen. Intuitiv wusste ich schon als Kind, dass ich einmal schreiben werde, denn ich liebte es, Aufsätze zu verfassen und meine Gefühle zu beschreiben. Als die ersten Zeilen dieses Buches entstanden, war ich im Zug unterwegs. Es war für mich beim Pendeln zwischen meiner damaligen Arbeitsstelle und meinem Zuhause oft eine große Herausforderung, bei mir zu bleiben. So entschied ich mich, in meinen eigenen Kanal abzutauchen, mit meinen Engeln zu reden, meinen Fragen ans Leben nachzugehen und Antworten zu finden.

~ Vieles verstehen wir erst später …

Damals beim Schreiben im Zug wusste ich noch nicht, dass einzelne Abschnitte später hier in diesem Buch erscheinen würden. Es waren einzelne Puzzlestücke, die am Ende einen Sinn ergaben. Erst waren die Kapitel total durcheinander, bis ich am Ende mithilfe meines geistigen Lichtteams Ordnung in diese Wegbegleitung brachte.

Diese Ordnung eröffnete sich erstmals nach einem Treffen mit Stefanie, einer wunderbaren Kundin, die zu einer Freundin und schließlich zu mei-

ner Grafikerin wurde. Eines Sonntagmorgens schickte sie mir eine Sprachnachricht: »Ich habe von deinem Buch geträumt. Ich glaube, es ist wichtig, dass wir uns an die Umsetzung machen.«
Ich spürte, dass die goldene Zeit, der Zeitpunkt, nach außen zu treten und mich zu zeigen, nun da war. Wie lange hatte ich diesen Moment abgewehrt. Aus tiefer Angst, wie mein Umfeld auf all das reagiert, was ich zu sagen habe. Nichts machte mir mehr Angst als dieser Moment, in dem ich mich ganz, echt und authentisch zeige mit all dem Erlebten, mit all dem, was ich bin und wahrnehme.
Intuitiv wusste ich schon lange, auch weil ich von meinen Begleitern, meinen Engeln, immer wieder daran erinnert wurde:

Angst ist mein Meister. Angst führt mich auf den Weg, der mich ins Potenzial bringt.

So begann ich, meine ganze Kraft in die Zeilen dieses Buches zu stecken, und wie von magischer Hand flossen Texte, Erinnerungen und Botschaften aus mir heraus, die mich während des Schreibens selbst tief berührten. Es war einfach richtig, das zu tun. Immer wieder hatte ich Gänsehaut und es ergaben sich Momente, in denen ich einfach nochmals erkannte oder mir bestätigt wurde, dass das Wissen in diesem Buch wichtig ist und dass es Zeit ist, damit an die Öffentlichkeit zu treten. Es war wie Fügung. Alles ging auf einmal ganz schnell.

Meine Grafikerin Stefanie machte mich mit Antje bekannt, einer Vertreterin in der Buchbranche. Wir trafen uns zu einem Abendessen und es war wie ein Moment des Wiedersehens. Ein Moment, der mich, Antje, aber auch Stefanie tief berührte. Wir redeten, als ob wir uns schon ewig kennen würden. Bei den Gesprächen gab es immer wieder Gänsehautmomente, die uns dreien das Gefühl gaben, dass es Bestimmung war, was hier geschah. Etwas Außergewöhnliches und Großes.
Oft weinte ich vor Freude, in Demut, was sich mir da gerade alles eröffnete und sich fügte, denn wie magisch wurden Treffen und Umstände organisiert, förmlich von einer höheren Ebene aus geführt.

Neben all diesen wunderbaren Dingen, die sich offenbarten, war da jedoch auch immer wieder ein tiefer Schmerz. Oftmals trat er in voller Wucht nach oben und ich musste mich ihm voll und ganz stellen. Es gab Stimmen, die mich auf dem Weg des Schreibens plagten, Stimmen, die nicht wollten, dass ich dir, der Welt diese Zeilen übergebe. Es waren Stimmen wie: »Du gehörst nicht hierhin. Das, was du hier schreibst, ist nicht die Wahrheit.«
Es war hart, mehrmals am Tag auf meinen Verstand und diese Stimmen zu hören. Sie sagten mir immer nur, was nicht gut war und was schieflaufen könnte. Teilweise rebellierte mein Verstand so stark, dass ich das Projekt »Buch« immer wieder abbrechen wollte. Es kostete mich nicht nur Kraft, meinen Geist zu fokussieren, sondern auch mein Körper brauchte enorme Energie, um all die Frequenzen, die da durch mich flossen, zu halten.

Im Außen erschienen immer wieder Menschen, die mich angriffen. Es tat weh, auf der einen Seite zu fühlen, dass hier nun der Weg meiner Berufung war, und gleichzeitig durch solch einen Schmerz der Ablehnung zu gehen. Doch ich wusste, da musste ich durch. Es war mein persönlicher Leidensweg. Meine Begleiter sagten mir oft: Wenn du tiefe Weisheit weitergeben möchtest, darfst du zuerst selbst erkennen, warum Schmerz auf der Erde für das Wachstum notwendig ist.

Du musst wissen, das Wissen, das durch mich in dieses Buch floss, ist »harte Kost«, denn es könnte das Weltbild von vielen Menschen verändern. Nicht im negativen Sinne, nein, im Gegenteil, in der Art und Weise, was sie selbst über sich oder die Erde denken. Das Buch und die darin enthaltenen Botschaften können tiefe Prozesse in dir auslösen. Prozesse des Erwachens und des Erkennens.

Du bist so viel mehr, als du mit deinen Augen erkennen kannst. Und die Erde, das Universum hat noch so viel mehr zu geben, als wir bis jetzt sehen können. In den nächsten Jahren wird sich da noch ungeheuer viel zeigen. Nun war mein Leben schon oft wie von magischer Hand geführt. Seit ich klein bin, zeigt sich stets alles, was ich brauche, um den Weg zu beschreiten, der mich zu einer mutigen Frau macht. Ich weiß schon lang, ich kann diese Welt nur verändern, wenn ich mir selbst vertraue und vor allem auch dem, was in jedem Moment durch mich fließt. Ich weiß und spüre: Nichts, was in meinem Leben geschah oder noch geschieht, ist umsonst. Jede Lebenshürde eröffnet mir noch tieferen Mut, mein Wesen mit dir und der Welt zu teilen. So begann ich das Wort »Hingabe« ganz anders zu verstehen und zu integrieren.

~ **Hingabe bedeutet für mich, dem Höheren zu vertrauen, egal welcher Weg sich gerade zeigt. Hingabe bedeutet, meinen Weg der Quelle zu übergeben im Wissen, dass es das Universum, das Göttliche richten wird.**

So übergab ich auch mein Buchprojekt voller Vertrauen in die göttlichen Hände. Ich begann, meinen Geist bewusst auf Hingabe und meine Gegenwart darauf auszurichten, dass ich blind vertraue, dass genau das geschieht, was für mich, meine Familie, mein Umfeld, die Lesenden und die Erde richtig sein wird. Ich spürte schon immer, dass meine Seele für eine bestimmte Aufgabe inkarniert war. Inkarniert, um auf diesem Planeten Erde etwas ordentlich aufzuwühlen, um zu erwecken und die Menschen mit der Urkraft in sich zu verbinden.

So ließ ich dem reinen Bergfluss, der mich führte, seinen unendlichen Raum und ließ mich behutsam und liebevoll von ihm durch jede Emotion tragen. Dies war und ist noch heute keineswegs einfach, doch ganz ehrlich:

Was in unserem menschlichen Sein ist schon einfach? Es kommt immer darauf an, wie wir es sehen. Auf jeden Fall wünsche ich mir an dieser Stelle, dass du tief in dir fühlst, dass du jetzt an diesem Ort, wo du gerade in deinem Leben bist, genau richtig bist.

Ich möchte dir gleich hier zu Beginn eine meiner Powerübungen geben, mit der ich immer wieder meinen Geist reinige und zurück ins Wesentliche in meinem Leben finde. Seit meiner Kindheit liebe ich es, meine Füße in Bergbächen zu reinigen. Egal, welches Wetter gerade ist, immer ziehe ich meine Schuhe und Socken aus und stelle meine Füße in diese reinen Quellen. Dabei bitte ich innerlich Mutter Erde um Hilfe, ich bitte sie darum, all das von mir zu nehmen, was mich belastet, um anschließend meine inneren Quellen, die Zellen, mit all dem aufzufüllen, was mich stärkt und was mir die Natur schenken möchte. Versuche das mal, wenn du in den Bergen oder woanders in der Natur bist. Ich bin mir sicher, es wird auch mit dir etwas machen.

Meine Powerübung aus der Natur

Bade deine Füße in einem natürlichen Gewässer. Bleib für einige Minuten im kalten Wasser stehen und bitte mit folgendem Satz die Quelle, das Universum um Hilfe: »Liebe Erde, liebes Universum, liebe göttliche Quelle. Ich ehre und schätze dich und bitte dich, mich zu reinigen und all das von mir zu nehmen, was mich davon abhält, die Präsenz zu leben, die ich bin. Bitte fülle meine Zellen mit deiner Reinheit auf. Danke!«

Ich wünsche dir viel Freude mit diesem Reinigungsritual. Es ist übrigens auch ein wunderbares Ritual, dem Fließen des Wassers zuzuschauen und dir dabei vorzustellen, wie dein Leben, egal wo du gerade stehst, wieder in Fluss kommt.

Lass uns nun nach diesem Ritual unseren gemeinsamen Weg beginnen. Lass uns erkennen, dass die Natur die Quelle von allem ist. Ich möchte mich dir auf der physischen Ebene zunächst noch etwas tiefer vorstellen und dich mitnehmen in mein feinfühliges Leben.

MEIN FEINFÜHLIGES LEBEN

Ich war schon immer ein bodenständiger Mensch, aufgewachsen im wunderschönen und kraftvollen Toggenburg in den Schweizer Bergen. Lange glaubte ich nichts, was ich nicht sehen, geschweige denn beweisen konnte. Ich war schon sehr stur. Und bin es vielleicht heute noch. Smile. Doch ich glaube, es braucht auch wirklich einen geerdeten Umgang mit so einer ausgeprägten Wahrnehmung, wie ich sie habe. Mit all dem, was ich fühle und was sich mir in den letzten Jahren offenbart hat.

Beispielsweise hatte ich ein Erlebnis, das mich noch heute tief bewegt und das mir gezeigt hat, dass es wirklich mehr um uns herum gibt, als wir meist glauben. Ich war auf der Autobahn unterwegs und überholte ein anderes Fahrzeug. Auf einmal drehte das Rad hinten links durch, weil ich damit auf den Grünstreifen in der Mitte gekommen war. Mein Auto drehte sich um 180 Grad. In diesem Moment sah ich der Frau, die ich überholte, in die Augen. Alles schien wie in Zeitlupe abzulaufen und ich dachte: Nun sterbe ich. Wie eingefroren saß ich im Auto, nahm die Hände vom Lenkrad, schloss meine Augen und bat um Hilfe.

Als ich die Augen wieder öffnete, sah ich erstaunt dem Steuerrad zu und glaubte, nicht richtig zu sehen. Es bewegte sich von selbst, wie von unsichtbarer Hand, und mein Auto kam einen halben Meter vor der Leitplanke zum Stehen.

In diesem Moment wurde mir ganz klar bewusst, dass ich geführt bin. Es wurde mir bewusst, dass nicht ich allein über mein Leben entscheide, sondern dass es da eine höhere Macht gab, die mich führte. Manche nennen es Schutzengel. Ich nenne es göttliche Quelle.
Diesen Moment werde ich nie vergessen. Er hat meine Sturheit regelrecht durchgeschüttelt. Und er war einer der vielen Beweise, die mein Verstand brauchte, um zu verstehen, dass da etwas bei mir war und ist, das mich begleitet. Anwesend war es schon immer. Seit meiner Kindheit bereits kann ich Gefühle und Blockaden meines Gegenübers wahrnehmen und Botschaften aus höheren lichtvollen Ebenen empfangen.

MEIN URGESANG

Seit meinem fünfundzwanzigsten Lebensjahr fließt ein heilsamer Urgesang in einer Art Licht-Seelensprache durch mich. Es ist eine Sprache, die wir nur mit dem Herzen fühlen können. Für mich ist diese Lichtsprache mittlerweile ein normaler Bestandteil meines Lebens. Ich kann sie in Meditation und in Trance ebenso wie in Wachzuständen abrufen und sprechen. Einzelne Teile kann ich übersetzen, wenn auch noch nicht alles eins zu eins übersetzbar ist. Das Universum schenkt uns Botschaften in Codierungen, derer sich die Menschheit bis jetzt noch gar nicht ganz bewusst ist. Dazu komme ich später noch.
Wenn ich den heilsamen Urgesang, wie ich ihn nenne, fließen lasse und nach außen trage, schließe ich meine Augen, verbinde mich mit der göttlichen Quelle, dem Universum, dem Himmel und der Erde und bilde eine Art Kanal. Dann höre ich eine Melodie in mir schwingen. Diese Melodie gebe ich nach außen weiter, ich lasse sie aus mir klingen. Die Melodien,

Frequenzen und Schwingungen passen sich immer dem jetzigen Moment und der aktuellen Entfaltungsstufe der Menschen an, für die ich singe. Auf der Basis dieses heilsamen Gesangs habe ich meine eigene Coachingmethode entwickelt, mit der ich feinfühlige Menschen auf ihrem ureigenen Weg begleite und sie an ihre Seelenessenz und ihre Selbstheilungskräfte erinnere. Meine Klientinnen und Klienten beschreiben meinen Gesang als heilsam, stärkend, aktivierend, lösend und erdend zugleich. Oft erlebe ich bei meinen Events und in Einzelsessions, dass mir zuvor wildfremde Menschen nahekommen und bei meinem Gesang Tränen verströmen. Tränen, die vom Loslassen eines alten Schmerzes, vom Aktivieren tieferer Kräfte und vom Erkennen ihrer ureigenen Essenz zeugen. Diese Momente berühren mich unendlich tief und lösen in mir Demut darüber aus, dass ich das tun darf, was ich tu. Auch wenn mein Weg als feinfühlige Frau nicht immer leicht ist, spüre ich in genau diesen Momenten, dass es sich lohnt, weiterzukämpfen und mich voll und ganz zu zeigen, auch wenn ich »anders« bin.

~ **Was ich heute tu, wie ich heute Menschen erreiche, berühre, verwandle, das hätte ich mir früher niemals vorstellen können. Doch die Sehnsucht war immer in mir.**

Ich hätte es mir vor Jahren niemals vorstellen können, Menschen einmal mit Gesang in ihre Kraft zu begleiten und sie damit auf einer tiefen Seelenebene zu erinnern. Singen sah ich nie als meine Stärke an. Zudem hatte ich den Glaubenssatz, dass ich nicht singen kann, denn als kleines Mädchen ging ich mit meinem Bruder und meiner Mutter sonntags immer in die Kirche. Und dort schämte ich mich beim gemeinsamen Singen der Kirchenlieder, weil meine Mutter derart falsch sang. Ich spürte, dass sich viele Menschen dachten: »Jetzt kommt die wieder mit ihren schiefen Tönen!« Wenn mich dieses Erlebnis und der daraus resultierende Glaubenssatz, nicht singen zu können, auch auf meinem Weg prägten, habe ich doch große Achtung, großen Respekt vor meiner Mutter, denn eines hat sie mir immer vorgelebt, nämlich ehrlich mit sich selbst und seinen Gefühlen zu sein. Dies tue ich immer, wenn es auch oft nicht einfach ist und auch für meine Mutter nicht immer einfach war zuzusehen, wie ihre Tochter immer wieder Hürden meistern musste, hinfiel und sich wieder aufrichtete.

Ich bin katholisch aufgewachsen und meine Mutter war Religionslehrerin. Ich selbst glaubte jedoch von klein auf nicht an einen Gott, der oben auf einem Thron saß und über die Menschen richtete. Nein, ich glaubte an einen Gott, der in jedem von uns einen Teil von sich selbst hinterlassen hat und uns stets dabei begleitet, das Beste aus unserem Leben und unserer Inkarnation zu machen. Ich glaube auch an den freien Willen und daran, dass jeder Mensch seinen ureigenen Weg besitzt und auf der Erde ist, um zu wachsen und seine Seelenessenz zu entdecken und zu entfalten.

Ich bin in Bütschwil, einem kleinen Dorf im schweizerischen Toggenburg, aufgewachsen. Mein Vater war und ist noch heute als Polsterer und Sattler selbstständig tätig und lehrte mich, die Schönheiten der Natur zu erleben. Er ist begeisterter Bergsteiger und ich durfte mit ihm schon viele wundervolle Abenteuer erleben. Auch wenn ich mich als Kind immer wieder aufraffen musste, mit meinem Vater wandern zu gehen, war es am Ende immer ein herrliches Erlebnis. Bis heute trage ich diese Ausflüge in meinem Herzen und wenn es mir nicht gut geht, gehe ich für ein oder zwei Tage in die Berge, um meinem Geist neue Energie und eine klärende Horizonterweiterung zu schenken.

Mein Lieblingsort, um Kraft zu schöpfen, ist Zermatt. Als ich das erste Mal dort war, spürte ich diese unglaubliche Kraft des Matterhorns und der Umgebung. Es war für mich wie ein Heimkommen. Es lag eine unglaubliche Kraft in der Luft. Ich fühlte mich sofort getragen und tief geflutet mit einem wertvollen Gefühl der Geborgenheit und einer inneren Ruhe, die auf einmal alles um mich herum verlangsamte. Dieser Ort und allgemein die Berge schenken mir so viel Kraft.

Auch mein Bruder lernte die Stärke der Berge schon früh kennen und wie auch mein Vater ist auch er oft in jeder freien Minute beim Klettern oder Wandern in der Natur unterwegs. Ich fühle, auch er trägt eine tiefe Weisheit in sich, und ich liebe seine ruhige und bedachte Art. Wir sind tief verbunden und gehen doch selbstständig unsere jeweils eigenen Wege. Doch immer dann, wenn es nötig ist, fühlen wir uns und finden auf ganz neue Art und Weise zueinander.

Schon als kleines Mädchen spürte ich tief in mir, dass ich einmal Therapeutin werden wollte. Als ich sechs Jahre alt war, trennten sich meine Eltern und es kam dieser tiefe Wunsch in mir auf, Menschen in eine leichtere und freiere Zukunft zu verhelfen. Niemals hätte ich mir erträumt, dass ich nun hier sitze und diese Zeilen für mein erstes Buch schreibe. Tränen fließen über meine Wangen. Tränen des Loslassens. Tränen des Ankommens. Was ich, wie schon erwähnt, ganz intensiv auf meinem Weg gelernt habe, ist, dass ich meinen Schmerz erst loslassen kann, wenn ich ihn mit der Welt, mit dir, teile. Nicht um Mitleid zu erhalten. Nein, um zu zeigen, dass Schmerz menschlich ist. Dass Schmerz Wachstum bedeutet und dafür da ist, uns in unsere Stärke zu bringen.

So habe ich schon früh Schmerz mit anderen Menschen geteilt und schnell aufgehört, ein Geheimnis aus meinen Emotionen zu machen. Es war da einfach immer dieser Drang in mir, über Gefühle zu reden und mich mitzuteilen. Das hat natürlich in meinem Umfeld viele Menschen überfordert, denn bekanntlich spricht man nicht über Dinge, die nicht gut sind. Man muss sich in unserer Gesellschaft stets von der besten Seite zeigen. Dies ist ein Wert, der tief in vielen Menschen verankert ist. Ich jedoch konnte nie verstehen, warum selbst Freunde und Familienmitglieder Geheimnisse vor sich hatten und nicht über ihre Gefühle sprachen.

Für mich bedeutet Leben hier unten auf der Erde, dass wir uns in der Tiefe begegnen. Seelisch nackt. Unser Verstand denkt, dass wir dadurch angreifbar werden, doch das stimmt nicht. Wir kommen nackt auf diese Erde und verlassen sie auch wieder nackt. Es ist unser natürlichster Zustand.

Gefühle sind auf der Erde unsere Werkzeuge, wegen ihnen sind wir ja in einem menschlichen Körper inkarniert. Warum also sollten wir das größte Geschenk, das wir in dieser Inkarnation erhalten haben, verleugnen?

Um das Nacktsein in emotionaler Hinsicht wird es noch in einem separaten Kapitel gehen, da es für mich einen der wichtigsten Schritte darstellt, die wir als Menschen hier auf Erden künftig gehen und erkennen dürfen. Zeigen wir uns nackt, lassen wir Tiefe zu. Wir dringen zu unserem innersten Kern vor – und von dort entspringt und gedeiht alles, denn da sind wir verbunden. Verbunden mit den höheren Ebenen, von wo aus die Quelle, das Universum, Gott oder wie du es auch immer nennen magst durch und mit uns wirkt.

DIE RADIKALE WENDE IN MEINEM LEBEN

In manchen Lebensabschnitten stockt unser Atem, unser Inneres fühlt sich leer an und wir scheinen keinen Kompass mehr zu haben. Wir blicken nicht mehr durch. Ohne Perspektive verlieren wir uns in unserem Schmerz, in unserer Einsamkeit. Verschleiert und verschwommen zeichnet sich unser Weg nur mühsam Schritt für Schritt ab. Stillstand fordert uns heraus. Er lässt uns innehalten und fragt unsere Seele: Warum vertraust du nicht?

Immer wieder hatte ich in meinem Leben diesen Stillstand. Er hat mich an meine Grenzen gebracht. Er hat mich herausgefordert und mich wissen lassen, dass da noch viel mehr in mir ist. Oft wollte ich einfach normal sein. Ich war überfordert mit meinen feinen Wahrnehmungen, den vielen Eindrücken und Stimmen, die immer lauter und intensiver in mein Energiefeld drangen. Ich wollte einfach nur ein normaler Mensch sein. Ein Mensch, eine Frau, die ihr Leben lebt und nicht mehr wahrnimmt als alle anderen. Doch meine Seele führte mich immer wieder einen Schritt weiter und offenbarte mir, warum ich wirklich hier auf dieser Erde bin.

Im Jahr 2010 durchlief mein Bewusstsein eine intensive und aufwühlende Reinigung. Bis zu diesem Zeitpunkt wehrte ich meine Gabe, mehr zu spüren, mehr wahrzunehmen, angestrengt und regelrecht verzweifelt ab. Ich hasste meine Fähigkeit. Ich verleugnete mein Sein. Ich blockierte alle Impulse in diese Richtung und wollte sie nicht hören. Ich hätte am liebsten irgendwo in mir einen Schalter gehabt, mit dem ich diese inneren Stimmen und diese intensiven Gefühle ausschalten könnte. Es war einfach nur anstrengend und ich war am Ende.

In den schwierigsten Momenten sprach immer eine innere Stimme zu mir. Sie war (und ist noch heute) wie Musik in meinen Ohren. Sanft erinnerte sie mich immer wieder an meinen Weg, doch ich versuchte sie sehr oft auch zu überhören. Im Jahr 2010 kam sie in einer so kraftvollen Intensität, dass ich meine Sturheit, mein Ego nicht mehr kontrollieren konnte. Mein ganzes Sein, mein Wesen, mein Leben veränderten sich radikal. Unvorbereitet und in vollster Wucht erreichten mich auf einer sechswöchigen Auslandsreise mit meinem damaligen Freund Botschaften. Zu diesem Zeitpunkt wusste nur meine Mutter von meinen feinen und außersinnlichen Wahrnehmungen.

Unsere Reise startete damals in Bali. Ich spürte schon beim Ankommen, dass etwas um mich und in mir anders war. Ich nahm mein ganzes Umfeld noch viel intensiver wahr, meine Intuition schärfte sich gefühlt um das Dreifache. Ich wusste instinktiv, wohin ich musste, und vertraute diesen Impulsen komischerweise auf einmal auch. Es schien so, als ob ich nicht mehr anders konnte, als auf das zu hören, was mir diese innere Stimme liebevoll sagte. Ein Teil von mir vertraute, ein anderer Teil war jedoch noch immer damit beschäftigt, diesen Impulsen keinen Raum lassen zu wollen, und das war sehr anstrengend. Es war so anstrengend, dass mein Körper reagierte und ich diverse Unfälle nacheinander hatte.
Es begann mit einem Surfunfall auf Bali, ich verstauchte mir den linken Fuß. Das war noch nicht so schlimm, denn ich wusste genau, zu welchem Masseur ich musste, um das zu heilen. Bei unserer Ankunft waren wir nämlich an einem Massagestudio vorbeigefahren und diese innere Stimme hatte mir zugeflüstert: Hierher wirst du zurückkommen. Manchmal glaubte ich wirklich, ich spinne, so klar waren diese Durchsagen.

Mein Verstand wollte diese Ebene nicht zulassen, er hatte Angst.

Nach dem Surfunfall erlitt ich eine Lebensmittelvergiftung, die meinen ganzen Körper reinigte und aufwühlte. Ich war wie in Trance. Nahm meine Umgebung wie in einem Film war. Ich übergab mich mehrmals. Mir war so übel wie noch nie in meinem Leben und von meinem Stuhlgang will ich gar nicht reden. Wie Wasserquellen, die aus mir herausschossen. Ich war wund, es schmerzte und ich hasste diesen Zustand. Am liebsten wäre ich von dieser Erde verschwunden. Ich hasste meinen Körper, ich hasste Bali, diesen Ort, der in mir diese intensive Reinigung verursachte.

Spannend war, dass Menschen auf der Straße an mir vorbeiliefen, die mich nicht wahrzunehmen schienen. Das habe ich manchmal heute noch, dass ich mich wie unsichtbar fühle. Nicht wahrgenommen und irgendwie auch wirklich nicht hier. Wie in anderen Dimensionen Ich spürte ab diesem Zeitpunkt, dass ich in zwei Welten lebte, und niemand außer meiner Mutter konnte mich verstehen. Zumindest war dies damals meine Wahrnehmung. Meinem Freund konnte ich das alles nicht mitteilen.

Ich wollte meinem Umfeld nur das Nötigste sagen, da viele sonst Angst bekommen hätten und ich ihnen diese Emotion ersparen wollte. So hielt ich lange alles geheim. Es sah im Außen einfach nur nach Unfällen und Krankheiten aus. Dabei wusste ich damals schon, dass es keine Unfälle und Krankheiten waren, sondern Zeichen meiner Seele. Aber wer glaubt dir so etwas schon, wenn er es nicht selbst erlebt und am eigenen Körper gefühlt und gespürt hat?

Von Bali ging es weiter nach Thailand. Ich wollte die Reise nicht abbrechen und wusste, dass dies jetzt meine persönliche Leidensgeschichte ist, die ich durchleben muss, um zu erkennen und anzunehmen. Obwohl mein Verstand sich wehrte, ging ich weiter im Vertrauen, dass alles gut gehen würde. Da passierte erneut ein Unfall. Mit dem Motorrad rutschten wir in die Böschung und mein Partner schürfte sich genauso wie ich den Körper auf. Meine ganze linke Seite war wund. Wir wurden von Einheimischen auf einem Holzwagen in das nächstgelegene Spital gebracht. Na ja, es war ein einziger Raum und man wollte mir eine Spritze geben, an der noch das Blut von dem Patienten vor mir klebte. So verneinte ich, stand unter Schmerzen auf und ging mit meinem Freund in den nächsten Supermarkt, da mir meine innere Stimme sagte, ich solle mit Alkohol die Wunden auswaschen und reinigen.

So tat ich genau das und mein damaliger Freund machte erstaunlicherweise mit. Wir ruhten uns einige Tage lang bestmöglich aus, konnten weder ins Wasser noch sitzen und schlafen schon gar nicht, weil unsere Körper derart schmerzten. Wir entschieden uns, nach Singapur weiterzureisen, weil es da mehr Zivilisation gab.

Angekommen in Singapur war ich noch immer nicht ganz in dieser Welt. Ich sah die Dinge um mich verschwommen, mir war ständig schwindlig und noch immer musste ich mich übergeben. Mein Körper war extrem schwach. Am liebsten wäre ich nach Hause gefahren, doch ich wusste, dass dies zu diesem Zeitpunkt nicht die Lösung war.

Wir kamen spätabends in Singapur an und legten uns direkt schlafen. Am nächsten Morgen wachte ich auf und hörte nichts mehr in meinem linken Ohr. Ich hatte einen Hörsturz. Schon wieder war es die linke Seite, die reagierte. Heute weiß ich, dass die linke Körperseite mit unserer Emotionswelt zu tun hat.

Im Spital spülte man mir die Ohren durch, gab mir Antibiotika und versorgte mich. Ich weiß nicht mehr genau, nach wie vielen Tagen ich wieder hörte, doch was ich noch weiß, ist, dass ich diese innere Stimme weiterhin wahrnahm, auch als mein linkes Ohr völlig taub für die unterschiedlichen Stimmen meiner Umwelt war.

Nach wenigen Tagen hörte ich also wieder ganz und dieser Moment, als ich wieder Geräusche wahrnehmen konnte, war einer meiner schönsten überhaupt. Sogar der Lärm im quirligen Singapur störte mich nicht, ich genoss ihn einfach nur.

An diesem Tag hatte ich eine Eingebung. Mir wurde auf einmal bewusst, dass ich es war, die ihren Körper ablehnte. Dass ich es war, die ihren Körper verletzte und nicht auf sich und ihre Seele hörte. Es war bei der Lebensmittelvergiftung nicht das Essen, das ich zu verfluchen hatte. Es war beim Motorradunfall nicht die Böschung oder die kaputte Straße, die schuld war. Es war auch nicht der Surfer auf dem Board vor mir, der mir den Weg versperrt und meinen Fuß verletzt hatte.

Nein, ach Gott! Ich war es. Ich war es, die alles ablehnte. Mein wahres Ich. Meinen Körper. Mein Leben.

Wow, ich war einfach nur still und weinte. Ich glaube, mein damaliger Freund hat das nicht einmal bemerkt. Wir waren gerade in einem Tempel und ich zündete eine Kerze für mich an. Ich vergab mir selbst. Ich vergab mir, dass ich mich, meinen Körper, mein Sein abgelehnt hatte. Auch jetzt weine ich bei diesen Zeilen.

FÜR WEN LEBST DU?

Ich weine nicht nur für mich. Ich weine auch für dich. Weil ich tief in mir spüre, dass da draußen so viele feinfühlige Menschen genau das tun, was ich jahrelang getan habe: Sie lehnen sich ab. Sie lehnen ihr Sein, ihr wahres Wesen ab. Und vielleicht tust auch du das. Und weißt du was? Es schmerzt, es schmerzt so sehr, dass wir uns selbst damit kaputtmachen.

Ich möchte dir eine Frage stellen. Sie soll dich erinnern. Sie soll dein wahres Sein erwecken: Für wen lebst du, lieber feinfühliger Mensch? Für wen lebst du, wenn du dein Sein ablehnst? Für die Mehrheit da draußen oder für dich und deine Seele?

Als ich mir diese Frage stellte, hatte ich eine tiefe Erkenntnis. Ich verstand, dass ich ein Ausdruck meiner Seele bin und dass genau das meine Aufgabe ist: mein Anderssein hier unten auszudrücken. Ich verstand, dass mein Anderssein die Welt verändern kann, also entschloss ich mich, mit Meditation und Yoga zu beginnen.

Zu Hause angekommen setzte ich mein Vorhaben um. Ich begann ein spirituelles Buch nach dem anderen zu lesen und mich mit dem Sinn meines Lebens in solch einer Intensität zu beschäftigen, dass diese innere Stimme in mir immer stärker und vor allem auch klarer wurde.

Ich schwor mir selbst, erst dann mit meiner Fähigkeit nach außen zu treten, wenn ich wirklich wusste, wie ich mit meinen Impulsen umgehen und wie ich sie in dieser Welt einsetzen kann.

Ich betete täglich. Ich bat Engel um Hilfe, mich zu führen und zu leiten, obwohl ich damals zwar an das Göttliche und an Engel glaubte, es jedoch noch immer nicht ganz glauben wollte, dass da wirklich eine Stimme in mir war, die mich führte. Wenn meine Mutter mich dazu bringen wollte, zu einer Handauflegerin zu gehen oder Menschen aufzusuchen, die mehr spürten, lehnte ich stets mit dem Satz ab: »Nein, zu solchen komischen Tanten gehe ich nicht!« Ich hatte in mir so ein Bild von »Tücherfrauen« und Wahrsagerkugeln. Und dieses Bild haben leider noch immer viele Menschen vom Spirituellen.

Deshalb war es für mich von Anfang an ziemlich schwer, in einem Feld Fuß zu fassen, das mehrheitlich überreizt von vielen Unwahrheiten war. Versteh mich bitte nicht falsch, doch ich bemerkte schon damals, dass das Feld der Spiritualität oder gar Esoterik überfüllt war mit Menschen, die glaubten, sie spürten mehr als andere – aber in Wirklichkeit war oft nichts dahinter. Es ist ein wirkliches Problem dieser Szene. Und noch immer findet sich dort bei vielen ein veraltetes Denken.

WARUM ICH NIE ETWAS MIT DEM WORT »MEDIUM« ANFANGEN KONNTE

»Medium«, »Esoterik«, diese Worte stießen mich innerlich ab. Sie waren mir fremd. Wahrsager und Gurus berührten mich nicht. Tief in mir fühlte ich, dass in der Menschheit noch so viel Schmerz hinter diesen Themen liegt. Ich nahm eine Art kollektives Schmerzfeld in diesem Bereich wahr. Und ich glaube zu fühlen, dass sich dieses Feld in den kommenden Jahren global heilen wird.

Weißt du, es geht nicht um diese Worte, es geht um die Energie dahinter. Und um die Glaubenssätze, auf deren Basis man diese Worte in unserer Gesellschaft jahrzehntelang eingesetzt hat. Sie sind für mich negativ behaftet. Sie haben einen sauren Abgang, wenn man das so sagen kann. Sie sind für mich wie Prophezeiungen, die eine Unwahrheit in sich tragen. Wir alle sind spirituell. Wir alle haben einen Zugang zum Göttlichen. Nicht nur ein Medium, ein Wahrsager oder ein Guru hat das.

Veraltete Vorstellungen setzen manche Menschen auf einen Thron, obwohl niemand »höher« ist als andere. Meine innere Stimme ließ mich immer wieder wissen, dass jeder einen Zugang zu den göttlichen Ebenen hat, dass wir alle hinterm Schleier des Vergessens sitzen und hier sind, um unsere Gaben mit der Welt zu teilen. Sie sagte mir auch, dass jeder seinen ureigenen Kanal zu seiner Seele hat und es an jedem selbst liegt, ob er diesen inneren Kanal öffnen möchte oder nicht. Und dass es in gewissen Lebensabschnitten einfach Zeit ist, zu sich zu stehen und seinen eigenen Seelenplan, seinen Seelenausdruck zuzulassen und anzunehmen.

Ich glaube, lieber feinfühliger Mensch, dass genau jetzt deine Zeit gekommen ist, dich selbst in der vollen Einheit, in der vollen Kraft anzunehmen, sonst würdest du bestimmt nicht mein Buch in deinen Händen halten.

~ **Wir haben alle Freiheit der Welt zu sein, was wir sein wollen. Doch die Seele spricht immer zu uns. Es ist ihre Aufgabe, uns in unsere Essenz, an unseren Ursprung zu führen.**

Wenn wir uns auf Seelenebene entschieden haben, der Erde beim Aufstieg in ein neues Bewusstsein zu helfen, können wir nicht einfach ein normaler Mensch sein und einen normalen Job ausführen. Dann sind wir hier, um Heilung und Veränderung in diese Welt zu bringen. Also werden uns unser Körper, unsere Seele und unser Geist immer an diesen Plan erinnern. Wie sich der Plan hier unten schlussendlich entfaltet, das ist uns überlassen. Wesentlich ist die Essenz, wie bei allem in unserem Leben.

Deshalb glaube ich auch nicht an Wahrsagen oder persönliche Zukunftsprognosen. Ich glaube zwar daran, dass ein gewisser Teil unseres Plans in der sogenannten Akasha-Chronik, einer Art Seelenbibliothek, festgeschrieben ist, dass wir jedoch mit unserem freien Willen und dem Grad unserer Bereitschaft, an uns zu arbeiten, vieles verändern, beschleunigen oder eben stoppen können. Dies ist meine Wahrheit, die ich von meinem geistigen Lichtteam erhalten habe. Es muss nicht deine sein. Du, lieber feinfühliger Mensch, hast deine eigene Wahrheit und ich bin mir sicher: Du wirst sie in deinem Inneren finden. Da, wo du beginnst zuzulassen. Da, wo du beginnst zu leben.

DAS JA ZU MIR SELBST

HERAUS AUS DER ANGST

Oft haben wir als feinfühlige Menschen Mühe, uns selbst und unsere Gaben anzunehmen. Uns fehlt es an Selbstliebe. Ich kann mich noch ganz intensiv an einen Moment erinnern, als ich im Auto saß, mich im Rückspiegel ansah und weinte. Meine Mutter hatte eben zu mir gesagt: »Katja, es ist Zeit, dich selbst mit all deinen Gaben und Talenten anzunehmen. Es ist Zeit, dein Sein zuzulassen und dein Licht zu leben!« Im Spiegel sah ich eine verletzliche junge Frau. Sie hatte so große Angst davor, ihre Gefühle nach außen zu tragen, dass sie sich lieber noch länger verstecken wollte. Auch wenn ich diese Angst heute immer noch kenne, habe ich doch mit ihr umgehen gelernt. Heute weiß ich, dass es ein großes Geschenk von mir an andere Menschen ist, wenn ich mich zeige. Wenn ich mich auch genau mit meinen Ängsten zeige. Sie sind immer noch da – und wären sie nicht mehr da, würde ich auch nicht mehr mutig sein müssen und ich würde nicht mehr wachsen. Vor allem aber würde ich nicht mehr Mensch sein.

Meine Angst ist mein wahrer Meister. Heute muss ich über mich selbst lächeln, denn ich habe es geschafft, mit meinen Ängsten zu leben und mich damit zu zeigen. Und ich weiß, dass du es auch schaffen wirst.

Ich glaube, die Angst wird immer bei uns sein. Aber es geht darum, wie wir sie sehen und wie wir mit Herausforderungen umgehen. Ich habe auf meinem feinfühligen Weg gelernt, dass ich niemandem etwas schuldig bin und dass ich immer auf mein Herz hören darf, weil ich hier bin, um das zu leben, was ich bin. Warum sonst sollte ich hier sein? Warum sonst solltest du hier sein, lieber feinfühliger Mensch?

Was hast du der Welt zu geben? Was schenkst du als Individuum dieser Welt? Was würdest du tun, auch ohne dafür bezahlt zu werden? Einfach weil du es zu tun liebst? Solche Fragen habe ich mir auf dem Weg in meine Berufung immer und immer wieder gestellt. Besonders auch die Frage: Was versucht sich gerade durch mich zum Ausdruck zu bringen? Sie hat mich enorm inspiriert, mein eigenes Licht zu leben. Der Film »Die Gabe. Warum wir hier sind« hat mich hierbei sehr bewegt.

Auf unseren Wegen gibt es immer wieder Rückschläge. Doch sie sind nicht dazu da, um uns zu kränken, sondern um uns zu stärken! Auf dem Weg, mein eigenes Licht zu leben und mich ganz zu zeigen, gab es immer wieder Rückschläge. Ja, natürlich! Ich kann dir hier gar nicht alle aufzählen. Zu den heftigsten gehörte die Ablehnung meines engsten Umfelds, von Verwandten und Kollegen. Manchmal waren es Sätze von Menschen, die sie mir gegenüber ausgesprochen haben, manchmal waren es Gedanken und Gefühle, die ich in ihrem Energiefeld lesen konnte.

Wenn wir beginnen, unseren eigenen Weg zu gehen, beginnen wir zu strahlen. Dieses Strahlen erreicht unser Umfeld und umhüllt die dort vorherrschenden Energiefelder. Das passt natürlich nicht jedem. Wir können dann leicht als Bedrohung erlebt werden – für all diejenigen, die ihrerseits nicht zeigen und leben, wer sie wirklich sind. Diese Menschen grenzen sich dann oft von uns ab. Obwohl sie eigentlich im tiefsten Inneren spüren, dass es auch für sie Zeit ist, sich selbst zu leben, reagieren sie zunächst mit Neid, Abgrenzung und Ablehnung. Das dürfen wir ihnen nicht übel nehmen, denn unser Sosein spült in ihnen alten Schmerz hoch. Wichtig ist, dass wir wissen, dass dies nichts mit uns als Person zu tun hat, sondern mit dem Universum, das in ihnen selbst herrscht. Auf der tiefsten Seelenebene erinnern wir sie, im Ego verletzt es sie.

Glaub mir, irgendwann werden sie dich bewundern. Vielleicht nur heimlich. Aber sie werden bewundern, dass du mutig bist. Dass du voranschreitest und einfach tust, wonach dein Herz sich sehnt. Und dann werden auch sie erkennen und aufwachen können.

Dazu fällt mir der Satz einer Kollegin ein. Vor Jahren wies sie mich wie so viele andere zurück. Heute kommt sie in meine Beratungen und sagt zu mir: »Katja, ich finde es so mutig, dass du deinen Weg gehst. Ich stehe voll hinter dir.« Überhaupt stehen heute engste Freunde hinter mir, darunter auch Menschen, die mich anfangs ablehnten und belächelten. Sie folgen mir auf Social Media und suchen mich für Einzelsessions auf. Und das Spannendste ist: Je älter sie werden, umso mehr erkennen sie, dass auch sie hier sind, um einem ureigenen Plan zu folgen. Auch wenn ich sie erst mit meiner Art zu sein triggerte und sie hinter meinem Rücken lachten, sind sie heute – auch durch unsere Begegnung – genau an diesem Punkt, wo sie nun erkennen und wachsen können.

Du siehst also, ich habe nichts verloren, im Gegenteil: Mir wurde so viel neue Weisheit und Erkenntnis geschenkt. Und ich glaube zu fühlen, dass auch dein Weg darin liegt, dein Umfeld aufzuwecken.

Wenn dein Umfeld dich ablehnt, heißt das noch lange nicht, dass du falsch bist.

Natürlich tat es mir weh, nahe Menschen loszulassen. Es war damals nicht leicht, mir einzugestehen, dass ich richtig bin, wie ich bin, und meinen Weg gehen darf, auch wenn man mich dafür fallen lässt. Diesen Schmerz erlebe ich manchmal heute noch. Ich glaube, dass es eine der intensivsten Erfahrungen für uns Feinfühlige ist: der Schmerz der Ablehnung.

Auf einmal war ich für mein Umfeld, meine Kollegen, meine Familie, nicht mehr die Katja. Ich war die Sektenfrau, die Komische, die irgendwas Spirituelles ausprobierte, das ja sowieso nicht funktioniert, die Peinliche … Ich passte nicht mehr in ihren Rahmen. Hinter meinem Rücken hat man geredet und ich habe das gespürt. Das tat so weh. Zu sehen, dass man mich einfach ausgrenzte. Man hörte sich meine Sichtweise nicht an, sondern bewertete einfach aus eigenen Vorstellungen heraus, ohne zu wissen, was eigentlich wirklich in mir für ein Prozess stattfand, was mich bewegte und in der Tiefe leitete.

Ich war für viele die Frau, die ihre wirtschaftliche Sicherheit verließ, um ein Business zu starten, das doch kein Fundament haben konnte. Die Frau, die aus dem Rahmen fiel und einen Weg beschreiten wollte, den man als suspekt wahrnahm. Mein Herz blutete, weil ich nicht verstehen konnte, warum von meinem Umfeld so eine krasse Wucht an Ablehnung auf mich zukam, obwohl ich doch, verdammt noch mal, einfach meinem Herzen folgte. In wie vielen Büchern hatte ich gelesen: Folge deinem Herzen und alles wird gut. Folge deinem Herzen und du findest Erfüllung. Was für ein Bullshit! So dachte ich. Ich war wütend auf all diese weisen Autoren, deren Bücher ich verschlungen hatte. Warum schrieb niemand von genau diesem Schmerz, den ich hier fühlte?

So war es mir wichtig, meinen Schmerz in diesem Buch wahrhaftig zu beschreiben, so wie ich ihn tief in meinem Inneren fühlte – und zwar, um dir damit Mut zu machen.

Wie oft wollte ich in solchen Momenten aufgeben und einfach wieder einen normalen Job machen. Doch tief im Innern wusste ich: Das ist nicht meine Aufgabe. Also versuchte ich, über jede Ablehnung hinwegzusehen und mich selbst zu stärken. Ich sagte mir täglich den Satz: »Ich bin unauf-

haltsam.« Das beruhigte mich und ich spürte dabei immer wieder so tröstlich und stärkend die Umarmung meiner Engel.
Doch zeitweise blieb es schwer. Ich verfluchte sogar die geistige Welt. Ich schimpfte mit meiner inneren Stimme und ließ die Wut aus meinem Energiefeld raus. Oft schimpfte ich, während ich Auto fuhr. Das Autofahren hat für mich eine befreiende und gleichzeitig beruhigende und nährende Wirkung. In diesen Momenten lenke ich mein Leben. Ich halte das Steuer in meinen Händen, ich lebe und fühle mich präsent im Moment. Während des Autofahrens kann ich auch mein geistiges Lichtteam ganz nah bei mir spüren. Es fühlt sich immer so an, als ob ich nicht allein im Auto säße. Meine kreativsten Ideen fließen im Auto, im Zug oder im Flugzeug.

~ **Spirituell zu sein und sich auf den Weg des Herzens zu begeben, ist ein hartes Abenteuer.**

Wenn wir unseren Weg beginnen, wird unsere Persönlichkeit auf die Probe gestellt und unser Urvertrauen geprüft. Ich habe die Erfahrung gemacht, dass viele Menschen einfach mit dem Strom schwimmen, obwohl sie eigentlich in ihrem tiefsten Inneren spüren, dass es auch für sie Zeit wäre, sich selbst zu leben. Doch sie reagieren erst einmal mit Abgrenzung und Ablehnung, unter denen oft eher Neid verborgen ist.
Indem du dein Licht lebst, erinnerst du die anderen auf der tiefsten Seelenebene an ihr eigenes Licht. Doch im Ego verletzt du sie. Die Menschen, die mich am meisten abgelehnt haben, haben mich auch am meisten gelehrt und letztlich gestärkt. Und viele von ihnen kamen auch wieder zu mir, weil sie erkannten, dass ich immer noch dieselbe Katja bin und mich nur entschieden habe, einen anderen Weg als die Mehrheit einzuschlagen.

Andere bleiben auch einfach an diesem Ort, für den sie sich entschieden haben. Ein Mann in meinem Umfeld beispielsweise beschimpfte und beschuldigte mich, als ich ihm erzählte, dass ich mich mit meinem Heilgesang und als Begleiterin von Menschen selbstständig machen will. Als ob ich ein Gesetz gebrochen hätte. Es kamen Sätze wie: »Wenn das, was du fühlst, wirklich wahr wäre, würde es doch die Medizin nicht mehr brauchen!« Oder: »Also los, heile meinen Rücken! Wenn du das jetzt nicht tun kannst, glaube ich dir nicht.«

Er wollte wissen, woher ich mein Wissen habe, ob ich regelmäßig mit anderen meditiere und wer mich gelehrt habe. Wütend schrieb er alles auf, was ich sagte, weil er es im Internet nachrecherchieren wollte. Ich fühlte mich bestürzt und bedrängt, gab ihm aber weiter das Fressen, das er brauchte. Irgendwann wurde es meinem Mann zu viel und er sagte: »Das müssen wir uns nicht anhören, komm, Schätzli, wir gehen!« Wir verabschiedeten uns und komischerweise umarmte der Mann mich noch, was ich bis heute nicht ganz verstehe. Wir sahen ihn lange nicht wieder. Auch die jahrelange Beziehung, die mein Mann zu ihm hatte, zerbrach. Für mich war es wundervoll zu erleben, dass mein Mann zu mir stand. Dafür bin ich ihm bis heute dankbar.

Diese Situation hat mich enorm wachsen lassen. Ich bin anders und das ist gut so. Es klingt hart, doch wenn es solche Menschen in deinem Umfeld gibt, die dich verletzen, darfst du ihnen danken, denn sie sind deine wahren Meister. Dieser Bekannte hat mich so vieles gelehrt. Bis dahin war ich naiv. Ich habe jedem und allen von meiner Fähigkeit und meinem Wirken offenherzig erzählt. Er hat mich gelehrt, nach einer ersten Reaktion meines Gegenübers erst einmal hineinzuspüren, ob die Luft für mich rein ist. Seither prüfe ich immer, was und vor allem wie ich anderen etwas mitteilen möchte und auch darf, denn nicht jeder Mensch ist mit seinem Bewusstsein an dem Ort, wo er verstehen will und kann, was wir als feinfühlige Menschen wahrnehmen.

Es gibt einfach Menschen, die leben auf einer anderen Ebene. Das ist nicht schlechter oder besser. Sie haben sich innerlich einfach dafür entschieden, aus welchem Grund auch immer. Wir wissen es nicht. Es ist für uns als feinfühlige Menschen wichtig, das anzunehmen und zu respektieren. Wir können für uns aus diesen Situationen das mitnehmen, was wir lernen dürfen und was uns auf unserem Weg stärkt.

Weißt du, es wird immer beide Arten von Menschen geben: die, die hinter dir stehen, und die, die dich nicht annehmen. Doch das sollte nicht über deinen Weg entscheiden. Du allein bestimmst deinen Weg.

DIE FRAU IM POSTBUS

Irgendwann ist der Moment da, wo unser Umfeld verstehen wird, dass das, was wir tun, wichtig und wertvoll ist. Sie werden verstehen, weil sie fühlen, dass es in ihnen etwas erweckt, das sie jahrelang abgewehrt oder nicht geglaubt, ja versteckt haben. Ich habe das immer wieder erlebt.

Für viele Menschen war ich eine Art Bedrohung, denn ich fühlte ja Dinge, die sie nicht verstehen konnten. Ich spürte ihre Angst, dass ich Dinge sehen könnte, die sie lieber verschweigen wollten. In Wahrheit hatte ich keine Lust, in ihre Energiefelder zu schauen, denn jedes Schauen erforderte Energie und Kraft. Aber viele spürten, dass ich dazu in der Lage war.

Da gab es ein Erlebnis in meiner Jugend, das ich dir gern erzählen möchte. Ich war früher oft in einem schweizerischen Skiort beim Snowboarden mit Kolleginnen. Wir feierten und genossen das Leben. Niemand hier wusste, dass ich noch eine andere Seite hatte. Die Seite des Sehens, des Hörens von Botschaften aus anderen Dimensionen. Ich redete mit Engeln. Für mich war das normal. Für mich war das Familie. Doch was wäre, wenn ich dies meinen Kolleginnen erzählen würde? Wie würde ich angeschaut, würde ich gar ausgelacht werden? Ich schwieg lange. Auch in der Schule erzählte ich nie mehr als das Nötigste. Ich wusste genau, wie ich mich jedem Menschen anpassen konnte. Es war zugleich schwer zu verschweigen, wer ich eigentlich bin, und jahrelang all diese Geheimnisse, Eindrücke und Wahrnehmungen für mich zu behalten.

Dann kam dieser Tag, als meine Kolleginnen und ich im Postauto nach Laax unterwegs waren. Wir saßen ganz hinten und ich freute mich auf einen Frauentag. Da sagte mir auf einmal eine innere Stimme: »Hilf der Frau vorn rechts.« Ich hörte die Worte immer und immer wieder. Irgendwann waren sie so präsent, dass es mir im Ohr fast wehtat. Ich fragte also die Stimme, was ich tun solle. Da kamen die Worte: »Lauf einfach nach vorn und halte der Frau deine Hand auf ihr Herz, bis der Notarzt kommt.« Ich entgegnete: »Nein, ich bin jetzt in meiner Freizeit und außerdem geht es der Frau gut. Ich sehe und höre nichts Außergewöhnliches!«

In diesem Moment fing die Frau extrem intensiv zu atmen an. Bald rang sie förmlich nach Luft. Ich verstand, es war ernst, also stand ich ohne zu zögern auf. Ich fragte mich nicht, was die anderen Fahrgäste oder meine Kolleginnen denken könnten. Ich lief nach vorn und die anderen riefen mir noch nach, was ich denn machen würde. Ich aber ging zu der Frau, sagte irgendwas wie »Einfach ganz ruhig ein- und ausatmen« und hielt meine Hand auf ihr Herz. Derweil rief der Busfahrer den Notarzt. Ich versuchte, der Frau Ruhe zu senden und sie mit meinen Händen und der Präsenz der Engel zu stabilisieren. Ich tat das, bis der Notarzt kam.

Erst anhand der Reaktionen meiner Kolleginnen verstand ich später, was da gerade geschehen war: Ich hatte etwas vorausgefühlt. Krass! Meine Kolleginnen fragten mich natürlich aus. Doch ich wollte noch immer nicht viel sagen. Es war mir noch nicht Beweis genug.

Es folgten weitere Erlebnisse, die mir hätten zeigen können, dass ich mehr spürte. Doch ich war stur. Ich war wirklich sehr stur. Irgendwann sagte ich zu meinem geistigen Lichtteam: Wenn ihr wirklich wollt, dass ich euch glaube, dann bringt mir mehr Beweise. Dann glaube ich euch und werde diese Intuitionen und Wahrnehmungen einsetzen und anderen Menschen damit helfen. Ohne Beweise aber hat all das, was ihr mir da weitergebt, weder Hand noch Fuß. Es ist dann einfach nur reiner Zufall.

So ergab sich dieser Moment, als mein Exfreund einen Anruf von seiner Mutter bekam, dass seine Großmutter seit Tagen vermisst werde. Diese Nachricht war wie ein Blitz, der durch meinen Körper schoss. Ich wusste und fühlte: Die Großmutter war tot. Ich fühlte es ganz klar. Es war wie eine Eingebung. Doch glauben wollte ich es natürlich nicht. Auch meinem Exfreund wollte ich von diesem Gefühl nichts erzählen, denn ich wollte zuerst sicher sein, dass es auch stimmt.

So folgte ich dem Impuls, einen Kollegen, der Hypnosetherapeut ist, aufzusuchen. Zufälligerweise (oder wohl eher wie geführt) stand er vor seiner Praxis, als ich dort ankam. Ich war ganz aufgewühlt und erzählte ihm von meinen Wahrnehmungen. Er nahm mich sehr ernst und sagte, ich solle ruhig bleiben. Wir gingen in seinen Praxisraum. Ich bat ihn, dass wir beide eine Meditationsreise machen, um zu sehen, ob er das Gleiche bezüglich dieser Großmutter wahrnahm wie ich. Zu meinen Engeln sagte ich: Wenn er das Gleiche sieht wie ich, dann glaube ich euch. Es würde ein Beweis dafür sein, dass ich tatsächlich mehr spürte.

Während dieser Meditation sah ich dann Bilder von einem Wald, Baumstämme, und ich fühlte den Körper der Großmutter, wie er am Boden lag. Atem konnte ich keinen wahrnehmen. Mein Kollege erzählte mir zuerst, was er gesehen hatte, und ich erschrak: Er hatte genau das Gleiche gesehen. Es war, als ob ich ein lange fehlendes Puzzlestück wiedergefunden hätte. Ich weinte und spürte: Ja, da ist wirklich etwas.

Nur wenige Minuten später rief mich mein Exfreund an und erzählte mir, dass seine Großmutter tatsächlich tot aufgefunden wurde. Obwohl ich seine große Trauer fühlte, war ich in diesem Moment irgendwie erleichtert, denn diese Nachricht gab mir eine erste Gewissheit, nicht zu spinnen und wirklich mehr zu fühlen.

Meine Sturheit verlangte weitere Beweise. Und sie kamen, denn mein geistiges Team ließ nicht locker. Der zweite Beweis war ein Licht in meinem Schlafzimmer, das ich abends immer sah. Ich kann mich noch erinnern, dass ich meinen damaligen Partner fragte, ob er es auch sehe. Nein, für ihn war es dunkel.

Ich machte Licht und zeigte ihm die Stelle neben dem Bett, wo dieses Licht war. Dann machte ich die Nachttischlampe wieder aus – er sah nichts. Doch für mich war dieses Licht da. Eindeutig.

Am nächsten Morgen telefonierte ich mit meiner Mutter und sie wollte mir unbedingt eine Botschaft von einer Kollegin weitergeben, die diese von den Engeln hätte. Ich rief: »Nein, was soll sie mir denn sagen? Ich will das nicht hören!«

Meine Mutter aber ließ nicht locker und offenbarte mir schließlich: »Meine Kollegin sagte, bitte sag Katja, dass alles in Ordnung ist mit ihr. Dieses Licht, das sie sieht, ist der Engel Metatron, ein aufgestiegener Meisterengel, der sie begleitet.«

Ich war schockiert. Mein Atem stockte für einen Moment. Meine Mutter fragte, ob alles in Ordnung mit mir sei. Nach einer Weile erzählte ich ihr, was letzte Nacht passiert war. Meine Mutter bekam Gänsehaut und meinte schließlich: »Katja, das ist doch schön! Du hast eine Gabe, alles ist gut.« Ihre Worte beruhigten mich. Noch heute ist meine Mutter eine meiner ersten Ansprechpersonen, wenn ich etwas Unerwartetes wahrnehme. Sie hört mir einfach zu und lässt mich nicht allein mit all dem. Das beruhigt mich immer wieder.

An diesem Morgen verstand ich: Ich bin nicht hier, um mich abzulehnen. Ich bin nicht hier, um mein wahres Sein zu unterdrücken. Ich bin hier, um das zum Ausdruck zu bringen, was ich bin und was ich leben möchte. Und das bist du auch.

Wenn ich an das Leben meiner Großmutter, der Mutter meiner Mutter, zurückdenke, schmerzt es mich sehr, dass ich mitansehen musste, wie sie im hohen Alter immer wieder sagte: »Ich bin ja niemand. Wer bin ich schon!« Ich hatte das Gefühl, dass sie ihr Leben nicht gelebt hatte. Sie war stets für andere da gewesen und vergaß dabei völlig sich selbst. Ich begriff an ihrem Beispiel, was im Leben wirklich wichtig ist. Es war so klar und deutlich fühlbar, dass es mich oft sehr berührte. Ich fühlte ihren Schmerz und bat die Engel, ihr zu helfen, diesen Lebensschmerz loszulassen, damit sie sanft gehen konnte, wenn ihre Zeit gekommen war. Ihr Kampf war in ihrem Gesicht klar erkennbar. Ihre Mimik verriet, dass sie vieles bedauerte, aber auch nicht anders konnte, als ihr Leben nach anderen zu richten. Ich bin mir nicht sicher, ob ihr jemals bewusst war, wie viel sie eigentlich unentwegt für andere getan hat.

Als ich sie vor ihrem Tod das letzte Mal sah, spürte ich im Raum eine sehr starke Präsenz. Es war mein verstorbener Großvater, der mich immer in wichtigen Momenten besuchte. Ich fühlte die Botschaft dahinter. Ich fühlte, dass er mir am Beispiel der Großmutter etwas Wichtiges übermitteln wollte. Etwas, das ich auch dir in diesem Buch weitergeben möchte: Es ist so wichtig, dass du verstehst, dass dein Leben nicht dazu da ist, es für andere zu opfern. In dir gibt es einen Ort, der sich danach sehnt, deine vollste innere Quelle zu erschließen. Doch wenn du zurückhältst, wer du bist, kann diese Quelle nicht frei sprudeln.

In jedem Moment gibt es in uns eine Quelle. Es ist die Schwingung unserer Herkunft. Wie willst du auf die nächste Entfaltungsstufe gelangen, wenn du selbst es bist, der dich aufhält? Wie willst du auf die nächste Entfaltungsstufe kommen, wenn du dir selbst nicht erlaubst, dein Leben in Freiheit zu gestalten?

Das größte Gut, das wir in unserem inneren Kern mitbringen, ist Freiheit. Die Freiheit zu leben, wer und was wir sind.

Jeder feinfühlige Mensch erkennt irgendwann, dass Freiheit sein größtes Geschenk ist. An diesem Punkt möchte ich dich mitnehmen auf eine Reise zurück zu deinem Ursprung. Mit einem Lied möchte ich dir helfen, dich an deine Essenz zu erinnern, die Freiheit, die in dir schlummert. Du findest am Ende dieses Buches einen QR-Code, hinter dem sich eine exklusive Website befindet, die ich speziell für die Leserinnen und Leser dieses Buches eingerichtet habe. Dort findest du auch den Song zur Freiheit.

Möge mein Lied dich da berühren, wo du die Grenzenlosigkeit deines Selbst vergessen hast. Du bist grenzenlos. Du warst es immer und wirst es immer sein. Die Grenzenlosigkeit ist dein Reichtum. Erinnerst du dich, dass dein Wesen grenzenlos ist? Erinnerst du dich, dass alles möglich ist?

Sprich in den nächsten Tagen immer mal wieder die Affirmation aus: »Ich bin grenzenlos, grenzenlos frei, ich selbst zu sein!« Diese Worte und mein Lied dürfen dir helfen, diese Grenzenlosigkeit in deinem Energiefeld auch auf Erden zu verankern und täglich tiefer aus deinem inneren Wissensmeer zu schöpfen.

WORTE VON MEINEM GEISTIGEN LICHTTEAM

Das Wissensmeer in euch wurde euch mitgegeben seit Anbeginn dieser Zeit. Es ist ein Wissen, das durch viele Inkarnationen und Dimensionen und Generationen weitergereicht wurde. Weitergereicht, um der Schöpfung zu dienen. Weitergereicht, um die Erde im Schwingungsaufstieg in ein neues Bewusstsein zu begleiten. Weitergereicht, um neue Bewusstseinszustände zu erlangen. Bewusstseinszustände der Freiheit. Bewusstseinszustände der vollen Selbstverantwortung. Selbstverantwortung und Selbstermächtigung sind in der nahen Zukunft wichtige Begleiter der Menschen. Immer mehr Dinge werden auf der Erde geschehen, die jeden Menschen in seine volle Verantwortung für sein Leben zurückbringen. Das erfolgt nicht, um Schmerz zu verursachen, sondern um Reinheit und Klarheit über das Leben auf Erden und in anderen Dimensionen zu verbreiten. Lange genug habt ihr euer Leben äußeren Maßstäben untergeordnet.

Ihr, die ihr hier seid, um neue Werte auf dieser Erde zu integrieren, beginnt sie zu leben, auszusprechen und zu verankern. Nichts ist wichtiger, als dass ihr eure Werte mit dem Außen teilt. Es geht nicht um Belehrung. Nein, jemanden belehren zu wollen, ist der völlig falsche Ansatz. Belehrung wurde jahrelang gelebt, mit all den Folgen. Nun steht Freiheit an.

Öffnet euch für neue Ausdrucksweisen. Eröffnet neue Wege. Eröffnet neue Perspektiven. Dafür seid ihr hier. Dafür habt ihr euch entschieden zu inkarnieren.

Sprecht. Sprecht aus, was ihr denkt, was ihr fühlt, und teilt es mit der Welt.

Sicher, das ist nicht immer ein einfacher Weg. Doch in euch ist ein Pionieranteil und der ist stark, lichtvoll und auch kämpferisch. Kämpferisch in dem Sinn, dass er niemals aufgibt, das Wissen, das in euch ist, als ureigenen Seelenabdruck in diese Welt hinauszustrahlen. Seid bereit. Seid voll und ganz bereit zu dienen, um zu empfangen, wer ihr wirklich seid.

In meinen Einzelsessions habe ich immer wieder erlebt, dass die Menschen wissen wollen, was ihre Lebensaufgabe ist. Es ist die meistgestellte Frage überhaupt. Doch schau, es gibt nicht nur diese eine Aufgabe, die du im Leben hast. Es gibt so viele. Du trägst so viele Facetten mit und in dir. Sei bereit, jede einzelne zu leben, und lass nicht zu, dass du auch nur einer Facette das Licht nimmst. Jede Facette von dir hat es verdient, sich voll und ganz zu entfalten. So wie jede Blüte es in der Natur tut, genauso hast auch du das Recht, in deiner Umgebung zu strahlen und zu blühen. Und dies immer frei und leicht.

DIE ANTWORTEN, DIE WIR BEREITS HABEN

In manchen Momenten suchen wir verzweifelt nach Antworten, obwohl wir sie bereits haben. Wir tragen sie in unseren Herzen. Sie liegen direkt in uns, doch wir denken, dass es doch nicht so einfach sein kann. Dass der oder die eher recht hat als wir selbst. Dass dies oder das mehr Kraft hat als wir. Obwohl wir tief in uns wissen, dass dies eine Lüge ist. Es ist eine Selbstlüge, die wir erschaffen. Eigentlich arbeiten wir in solchen Momenten nur gegen uns selbst. Und das ist ein Kampf, den wir nie gewinnen können. Unser Innerstes kennt den Weg, auch dann, wenn wir uns allein und verloren fühlen.

In meinem Leben gab es viele schmerzhafte Momente, in denen ich wachsen und erkennen durfte, dass Leben nicht so etwas wie ein Maßstab ist, nach dem ich mich richten muss. Leben geschieht im Ausdruck, wenn ich mich und mein Inneres zeige.

Als ich zum Beispiel acht Jahre alt war, starb mein Großvater, der Vater meiner Mutter. Ich sah ihn in seinem Sarg liegen, ganz friedlich. Gleichzeitig spürte ich auch seinen feinstofflichen Körper um mich. Und es schien mir so, als ob er mir zuzwinkern und mich anlächeln würde. Ein Moment, der für mich fühlbar und spürbar so voller Liebe war, dass es mir erst Angst machte. Später verstand ich jedoch, dass ich Verstorbene auf der geistigen Ebene wahrnehmen und ihre Anwesenheit spüren kann. Sie sind um uns. Sie unterstützen und begleiten uns, nur lassen wir dies oft nicht zu.

Seit diesem Moment ist mein Großvater immer an meiner Seite. Er begleitet mich auf meinem feinfühligen Weg und hilft mir, in wichtigen Prozessen in tiefer Demut und voller Respekt in eine wundervolle Transformation und zu neuen Erkenntnissen zu gelangen. Auch jetzt, während ich dir diese Zeilen schreibe, ist er bei mir.

Ich weiß nicht, ob du an Engel glaubst. Es ist auch egal, an was du glaubst oder nicht glaubst. Du selbst hast das Recht, das für dich zu glauben, was sich für dich stimmig anfühlt. Es geht mir in diesem Buch einzig und allein darum, das Feuer in deinem Herzen zu entfachen und deine Schöpferkraft zu erwecken. Ob du dann von Quelle, Universum, Gott, Engel oder was auch immer sprichst, ist vollkommen dir überlassen.
Ich möchte hier aus tiefstem Herzen eine Frau, eine Autorin sein, die dein Herz berührt und dir hilft, alten Schmerz zu heilen. Ich möchte dich auf eine neue Bewusstseinsebene begleiten. Auf eine Ebene, wo du endlich sein darfst, wer du wirklich bist. So lass uns den Weg des Erwachens immer weitergehen. Lass ihn uns gemeinsam gehen. Uns gegenseitig erinnern, miteinander weinen, miteinander lachen, uns umarmen. Uns stärken in Zeiten, in denen unsere innere Weisheit verloren scheint. Unsere innere Weisheit sucht einen Kraftort, um Neues zu empfangen.

SPIRITUALITÄT IST SPIELERISCH, LEICHT UND FREI

Es geht mir darum, dass du dich erinnerst. Ich möchte dir nicht zeigen, wie du deine Intuition trainieren kannst. Ich möchte dir vielmehr einen schützenden und geborgenen Rahmen anbieten, mit dessen Hilfe du dich selbst erkennen kannst. Möchtest du mehr über die Intuition wissen, kannst du dich gern in meiner Community umsehen (siehe Website).
Ich bin wie du ein Mensch mit Fehlern, Ecken und Kanten. Und manchmal laufe auch ich vor die Wand, falle hin, weiß nicht weiter und hasse diese Prozesse hier unten. Doch ich habe mich auf Seelenebene nun mal für sie entschieden. So wie auch du dich entschieden hast, Mensch zu sein.

Wir wissen so vieles nicht. Manchmal müssen wir blind vertrauen. Aus der Tiefe unseres Herzens, aus der Urquelle unserer Seele heraus. Wir müssen Dinge loslassen, um Neues in unser Leben ziehen zu können. Und genau das ist oft schwer für uns. Unsere feinfühlige Seele geht in einer solchen Geschwindigkeit weiter voran, dass wir selbst und unser Umfeld damit oft nicht klarkommen. So ist es für uns Feinfühlige nicht so einfach, Beziehungen und Freundschaften zu leben und zu pflegen, da unser Sein von vielen Neuanfängen und Neuausrichtungen geprägt ist.

Immer wieder sind daher Erdung und Vertrauen in unser Leben besonders wichtig. Und natürlich ein Umfeld, das uns dabei unterstützt, immer wieder neue Kraft zu finden, uns neu zu zeigen und loszulassen, was uns nicht mehr dienlich ist.

In meinem Leben habe ich oft an meinem Umfeld gezweifelt. Doch in Wahrheit hat sich im Nachhinein herausgestellt: Auch wenn die Menschen um mich her nicht alle so sensitiv sind wie ich, sind es doch genau die Menschen, von denen ich so viel lernen kann. Ich kann mir vorstellen, dass das in deinem Umfeld auch so ist. Dass auch du oft an den Menschen zweifelst und dir wünschst, dass du noch tiefer du selbst sein kannst.

An dieser Stelle möchte ich dir einen wertvollen Tipp geben: Versuche in solchen Momenten, die Menschen an deiner Seite anders zu sehen. Sieh sie als Menschen, die den Job haben, dich zu erden. Sie haben den Job, dich immer wieder mit deiner Wurzel zu verbinden. Sie müssen nicht auf derselben Ebene schwingen wie du.

Überleg dir mal, wenn du täglich nur noch mit der Ebene deiner Seele verbunden wärst – das Leben hier wäre für dich nicht so erfüllend. Diese Erfahrung musste ich mehrmals machen. Ich hatte oft die Forderung in mir, dass meine Kollegen und Kolleginnen genau gleich fühlen müssen wie ich.

Bis ich eben verstand, dass mein Umfeld auch mein Ausgleich ist. Natürlich habe ich Gleichgesinnte, mit denen ich mich über meine Wahrnehmungen austauschen kann. Doch genauso brauche ich den Ausgleich der Menschen, die erdig sind.

Mein Mann beispielsweise ist sehr erdig. Er gleicht mich und mein Energiesystem immer neu aus. Er holt mich sozusagen immer wieder auf den Boden, wenn mein System mal wieder überreizt, überhitzt ist.

Bei der Wahl deines Umfeldes kommt es natürlich sehr darauf an, dass du dich so zeigst, wie du bist. Alles andere ist für dich auf Dauer ein Kampf und kostet dich wertvolle Energie, die du als sensitiver Mensch auf anderen Ebenen brauchst. Ich weiß, oft ist für uns Feinfühlige die Angst vorherrschend, wie unser Umfeld reagieren könnte, wenn wir erzählen, wie wir fühlen und wie wir wahrnehmen. Nun, auch dazu möchte ich dir aus meiner Erfahrung etwas erzählen. Der Weg meines persönlichen Zeigens-wer-ich-bin war und ist immer noch geprägt von vielen Hürden. Das wird er vermutlich auch bei dir sein. Doch ich kann dir versichern: Längerfristig wirst du dich immer freier machen, wenn du dich offen zeigst, und dir selbst einen wunderbaren Raum erschaffen, in dem du gedeihen kannst.

Ich kann mich noch an diesen Moment erinnern, als ich meinem Umfeld erzählt habe, das ich mich selbstständig mache. Damals war mein Firmenname »sensitive health«, also »sensible Gesundheit«. Ich habe meine Webseite selbst erstellt und auch die Texte selbst geschrieben. Viele meiner Kolleginnen waren verwundert und kannten diese Seite von mir nicht. Man kannte mich als Katja, die Partymaus, die Stimmungsmacherin, und nicht als Sinngeberin. Erst einmal lachte man hinter meinem Rücken. Es fielen diverse Aussagen, die mich verletzten. Mein Umfeld hatte Angst. Angst, dass ich in einer Sekte sei oder mich in eine Richtung entwickeln könnte, die aus ihrem Weltbild fiel. Nun, das ist immer die erste und die stärkste Angst der Menschen: dass etwas aus dem Ruder läuft. Sobald jemand oder etwas nicht mehr ins eigene Weltbild passt, entfernt man sich. Schade, denn genau in anderen, neuen Feldern liegt unser Potenzial.

Unser Potenzial ist nicht auf den Wegen zu finden, auf denen die Massen entlanggehen. Unser Potenzial liegt dort, wo wir täglich neu unsere eigenen Pfade spuren.

Die größte Angst der Menschen ist es nicht, unzulänglich zu sein. Die größte Angst der Menschen ist es vielmehr, verletzt zu werden, wenn sie ihr wahres Gesicht zeigen. Doch eigentlich ist die Verletzung nicht das, was ihnen Angst macht. Es ist das, was danach entsteht. Es ist die Essenz, die dann zu fließen beginnt. Es ist das Erinnern, dass sie in Wahrheit mehr sind. Da liegt die Kraft und da liegt das verborgene Wissen unserer Seele. Es ist die Angst, groß zu sein, die uns in die Ecke treibt. Es die Angst vor dem eigenen Licht, der eigenen Stärke. Würden wir doch endlich beginnen zu erkennen, dass unser Licht gebraucht wird! Dann würden wir auch erkennen, dass wir niemals zu kraftvoll sein können, um unsere Pläne hier auf der Erde umzusetzen. Wir würden erkennen, dass genau unser Großsein hier und jetzt gebraucht wird. Denn in unserer Größe erkennen wir, dass wir Teil des Universums und des göttlichen Plans sind. In unserer Größe erlauben wir uns, schöpferisch zu sein. Nicht das, was uns jahrhundertelang in Kirchen gelehrt wurde, zeigt unsere Größe. Das hat nichts mit Licht und Liebe zu tun. Licht und Liebe sind frei und würden niemals werten. Licht und Liebe sind unendlich und würden uns niemals einschränken. Licht und Liebe sind leicht und würden niemals Druck erzeugen.

Ich glaube zu spüren, dass sich in der nahen Zukunft Religionen und Gemeinschaften stark verändern werden. Sie werden sich in Richtungen entwickeln, die Freiheit und Raum für die Entwicklung jedes einzelnen Individuums erlauben. Es geht dann nicht mehr um die Frage, was oder wer uns führt. Sondern um die Erlaubnis, dass wir es selbst sind, die unsere Wege lenken dürfen, denn da ist ja der freie Wille. Und verbunden mit dem freien Willen ist die Kraft der Quelle. Die Kraft des Ursprungs. Sie trägt uns und der freie Wille schenkt uns die Power, auf der Erde auszudrücken, was wir als Seele, als inkarniertes Wesen erfahren und lernen wollen.
Von meinem geistigen Lichtteam erfahre ich gerade, dass der freie Wille eines der wichtigsten Instrumente ist, das wir Menschen hier auf Erden überhaupt haben. Nur missbrauchen wir dieses Instrument oft. Oder wir lassen zu, dass andere es für uns missbrauchen. Gerade in unserer gegenwärtigen Zeit des Erwachens auf der gesamten Erde ist es für uns wichtiger denn je zu erkennen, dass der freie Wille uns dabei unterstützen möchte, in ein Bewusstsein über unsere seelische Herkunft zu erwachen. Wir öffnen uns der Freiheit. Wir öffnen uns einer Zukunft in der puren Grenzenlosigkeit. In diesem Zusammenhang möchte ich dir eine Affirmation an die Hand geben, die mir in meinem Leben so vieles eröffnet hat:

»Ich bin grenzenlos frei, ich selbst zu sein.«

Sprich diese Affirmation am besten täglich laut aus und erlaube dir, dabei die Fülle und die Ausdehnung deines Herzens wahrzunehmen.

Unser Herz spricht mit uns. Unser Herz schlägt für uns und es ist täglich bemüht, uns Informationen und Botschaften weiterzusenden. Unser Herz ist der Kanal, der uns mit unserer Seele verbindet. Unser Herz, bestehend aus dem physischen und dem energetischen Herzen, ist der Kanal, der uns mit anderen Dimensionen und damit auch mit unserer wahren Herkunft verbindet.

Die Herzfrequenz ist die stärkste Kraft im Universum. Gleichzeitig aber auch die schmerzhafteste, denn durch diese Frequenz entstehen Leid, Trauer, Wut, aber auch Freude, Liebe, Licht und Mut. Die Herzfrequenz ist das Leben, das durch uns wirkt. Es ist die Kraft unseres Ursprungs. Geht unsere Seele, hört unser Herz auf zu schlagen. Somit ist das Herz für uns als Menschen eines der wichtigsten Instrumente auf unserem Weg, uns an das zu erinnern, was wir wirklich sind.

Lass uns zurückfinden in unsere wahre Herzfrequenz. Lass uns zurückfinden in die Frequenz unseres Ursprungs. Auf der exklusiven Website zu diesem Buch (siehe QR-Code hinten im Buch) findest du auch meinen Gesang, der deiner Ursprungskraft gewidmet ist. Lass ihn auf dich wirken und tief in dir nachhallen.

WORUM GEHT ES HIER AUF ERDEN?

Hier auf dem Planeten Erde geht es immer wieder darum, dass wir unserem persönlichen und ureigenen Kompass vertrauen. Vielleicht hörst auch du diese innere Stimme, von der ich spreche, fühlst sie oder weißt einfach, dass etwas so ist, wie es eben ist. Jeder von uns ist anders, manche hellfühlend, manche hellhörend, manche hellsehend, und das ist genau richtig und wichtig so.

Als bei mir der Prozess des Verstehens begann, habe ich mich oft gefragt: Was wäre gewesen, hätte ich nicht diesen Lebensweg beschritten, den ich bis jetzt gegangen bin? Ich glaube, es ist eine Art Bestimmung, dass wir genau in diese Familie und an diesen Ort gelangt sind, dass wir an diesen Job, diese Erfahrung und diesen Partner geraten. Es liegt jedoch immer an uns, was wir aus diesen Gegebenheiten machen.

Viele Menschen warten ein Leben lang auf Zeichen, vergessen dabei jedoch, dass jeden Tag Zeichen da sind. Jeder kennt sie. Jeder Mensch spürt beim Betreten eines Raumes beispielsweise sofort, ob er sich dort wohlfühlt oder nicht, sogar der sturste oder der kopflastigste. Wir spüren, ob wir da bleiben wollen oder nicht. Es ist ein Instinkt. Ein Instinkt, der einfach immer auf »On« geschaltet ist. Bei mir ist diese Taste sozusagen auf »Turbo« geschaltet. Bei dir auch? Erinnere dich, du bestimmst, wie deine Taste geschaltet ist.

ZEIT, DICH IN DEINER SCHÖPFERKRAFT ZU ZEIGEN

Du weißt an dieser Stelle des Buches bereits, wie sehr es auch für mich Thema war und immer noch ist, die ureigenen Gaben anzunehmen. So viele meiner Klientinnen und Klienten haben als feinfühlige Menschen Angst, dass ihr Umfeld lachen, sie kritisieren, böse abwerten oder verlassen könnte. Doch diese Angst und auch der damit verbundene Schmerz sind von einer höheren Warte aus nötig, damit wir wachsen und erkennen können. Damit wir unser Leben als feinfühliger Mensch neu ausrichten und im Gegenzug das erhalten können, was wir verdient haben – was du, was ich, was wir und die Erde verdient haben.

Ich weiß, die Angst kann uns überwältigen. Sie durchfließt manchmal radikal jede Zelle unseres Seins. Schließlich haben wir fast alle in früheren Zeiten Dinge erlebt, die uns nun in dieser Inkarnation hindern, unsere Kraft nach außen zu tragen. Doch nun sind wir in einer anderen Inkarnation. Vieles, was unsere Angst uns zuflüstert, gehört zur Vergangenheit. Es ist gewesen. Vorbei.

Nochmals, liebe feinfühlige Seele, möchte ich dich erwecken. Ich möchte deinem Herzen zuflüstern und dir sagen: Umarme deine Einzigartigkeit.

Wofür bist du hier? Wofür bist du so feinfühlig und hast so viel zu geben? Wofür bist du hier, wenn du, gerade du, so viel an Schmerz und Leid zu verarbeiten hast? Wofür bist du hier, wenn Menschen dich von sich aus aufsuchen, wenn es ihnen nicht gut geht? Wofür bist du hier, wenn du immer und überall eine Stütze für dein Umfeld bist?

Ist es dir auch schon aufgefallen, dass du ein Mensch mit viel Herz, Demut und Güte bist? Denkst du, das ist normal, diese Eigenschaften und Gefühle zu haben? Vielleicht sogar ein Helfersyndrom, mit dem du ständig anderen Menschen helfen willst und dich selbst dabei zu vergessen drohst?

Denkst du, es muss zuerst allen anderen gut gehen und du packst es in der Zwischenzeit schon? Denkst du wirklich, dass du nichts wert bist? Denkst du wirklich, du bist zu komisch, zu abnormal, zu eigen für die Menschen da draußen?

Sei im Wissen, dass all das, was du von dir denkst, noch lange nicht deine innere Wahrheit ist. Sei in dem Wissen, dass all das, was Menschen im Außen von dir sagen, noch lange nicht das ist, was du wirklich bist.

Ja, du bist speziell. Ja, du bist einzigartig. Du bist hier, um zu heilen und zu wachsen. Du bist hier, um zu erinnern. Um ein Feuer zu entfachen und etwas zu verändern.
Wir sind die, auf die wir gewartet haben, heißt es. Wir sind die, auf die die Erde gewartet hat. So lass uns nun gemeinsam unseren Plan erfüllen. Lass uns in der Einheit ein Netz der Verbundenheit aufbauen, das größer ist als jeder Schmerz, größer als jede Angst.
Es war mir immer wichtig, Menschen in einem freien Raum zu erwecken, ohne sie zu belehren und ohne ihnen einen Rahmen vorzugeben. Die Ursprungskraft belehrt nicht. Sie ist einfach präsent und öffnet. Sie eröffnet uns neue Felder für Freiheit.
Schau, wenn du einen Stein ins Wasser wirfst, wird er Wellen nach außen schlagen. Es ist nur ein einziger, vielleicht sogar kleiner Stein, doch er bewegt etwas. So wie du mit deinen einzigartigen Qualitäten.
Frage dich heute: Wer möchtest du sein? Was soll man von dir sagen, wenn deine letzten Stunden geschlagen haben? Wie soll man dich in Erinnerung behalten?
Es wird eine der transformierendsten Erkenntnisse und Veränderungen in deinem Leben sein, wenn du beginnst, deinen Blickwinkel in die Richtung zu lenken, was du als Mensch, als Individuum, jetzt hier auf der Erde bewirken kannst. Ich habe meinen heilsamen Gesang und meine gechannelten Texte zu geben. Du aber hast noch ganz andere Talente. Talente, die ich nicht ausleben kann, weil sie niemand anders außer dir entfalten kann.
Tief in mir spüre ich jetzt gerade, während ich diese Zeilen schreibe, dass jeder Mensch seine Talente schon einmal gespürt hat. Du hast schon eine Ahnung von ihnen – so wie jeder andere Mensch, der dieses Buch liest, auch. Du hast gespürt, was dich einzigartig macht. Es gab diese Momente

in deinem Leben, die dich tief berührten, für die du dankbar warst und noch immer bist. Was war das? Was war es, was dir bis heute ein Lächeln ins Gesicht zaubert?

Wofür bist du dankbar?

Nimm dir einmal Zeit und schreib mindestens zehn Dinge auf, für die du dankbar bist. Ergänze die Liste laufend und häng sie irgendwo auf, damit du die Zeilen immer wieder lesen kannst. Das hilft dir und deinem Unterbewusstsein, dich auf eine höhere, positive Schwingung zu konzentrieren.
Ich werde dir am Ende des Buches noch einige weitere Methoden vorstellen, die dir helfen können, deine Schwingung längerfristig zu erhöhen.

MEIN WEG IN DIE SELBSTSTÄNDIGKEIT

Als ich im Jahr 2015 begann, nebenbei meine Selbstständigkeit aufzubauen, war mir noch nicht ganz bewusst, was ich für ein Wissen in meinem Herzen trage. Ein paar Monate, bevor ich das erste Mal Klienten behandelte, traf ich auf eine Frau. Sie war hellsichtig und sagte mir, dass ich eine Gabe hätte. Ich verstand nicht recht, was sie damit meinte, doch irgendwie spürte ich, sie hatte recht.
Damals dachte ich: Okay, nun habe ich eine Gabe, aber verdammt, wie setze ich sie ein? Wie setze ich dieses Wissen um? Ich war schon immer ein sehr ungeduldiger und gleichzeitig ein sehr ehrgeiziger Mensch.
Diese Frau lehrte mich vieles. Vor allem zeigte sie mir, wie ich mit der Lichtsprache, die sich immer wieder in meinem Bewusstsein zeigte, arbeiten kann. Alles, was ich meinen Klienten gebe, muss von der Schwingung

her genau dosiert sein. Je nachdem, wo diese Menschen in ihrem Leben gerade stehen, wie sensibel sie sind und mit welchen Themen sie mich aufgesucht haben.

Was mich diese hellsichtige Frau – ich nenne sie jetzt einfach mal Lisa, auch wenn das nicht ihr Name ist – lehrte, war für mich sehr wertvoll und ich begann täglich ein bisschen mehr zu verstehen, was ich in diese Welt bringen darf. Doch ich muss gestehen, ich war zu jener Zeit auch etwas naiv. So glaubte ich alles, was die Frau mir sagte, ich hatte schließlich großen Respekt vor ihrem Wissen. Und nicht weniger vor meiner eigenen Gabe, die sie so klar wahrzunehmen schien.

Ich begann in der Praxis meiner Mutter mit den ersten Behandlungen. Zunächst kamen die Menschen einfach per Zufall zu mir oder weil sie meine Mutter kannten. Lisa war im ersten halben Jahr bei jeder Behandlung mit dabei und lehrte mich, wie ich mit meinen Wahrnehmungen umgehen konnte. Teilweise hatte ich große Mühe, mich nach den Behandlungen wieder zu erden und meinen Körper zu spüren. Ich nahm die hohen Energien wahr, die durch mich flossen. Oft setzte ich mich nach einem Behandlungstag eine halbe Stunde auf den Boden und stand erst wieder auf, wenn ich fühlte, dass ich jegliche Energien, die nicht zu mir gehörten, losgelassen hatte. Heute muss ich darüber lachen, denn ich habe mittlerweile eine Technik, die mir hilft, die Themen meiner Klienten in kürzester Zeit loszulassen und in mein Feld zurückzukehren. Wenn du an dieser Stelle mehr über Abgrenzungstechniken erfahren möchtest, empfehle ich dir meine Community (siehe Website).

Ich lernte schnell und immer mehr Menschen suchten mich mit ihren Themen auf. Es waren teilweise physische Schwierigkeiten, bei denen die Ärzte nicht weitergekommen waren: Knieprobleme, Rückenprobleme oder auch Migräne und Bauchschmerzen. Einige Klienten hatten den Verlust von geliebten Menschen zu überwinden oder andere psychische Leiden, an denen sie teilweise schon jahrelang gearbeitet hatten.

Ich war oft selbst verblüfft, wie schnell gewisse Leiden geheilt werden konnten – nicht durch mich, sondern durch die Lichtsprache. Manchmal reichte eine Session und das Leiden war komplett weg. Manchmal waren jedoch auch mehrere Sitzungen nötig. Oftmals musste ich mich echt selbst kneifen, weil ich gar nicht glauben konnte, was da durch mich geschah. Ich sagte den Klienten Sachen, die ich nicht wissen konnte, und war in diesen Momenten selbst verwundert, was für präzise Details mir mein geistiges Lichtteam durchgab.

In diesem halben Jahr meiner »Lehre« habe ich vieles verstehen, weiterentwickeln und begreifen dürfen und ich bin Lisa unglaublich dankbar. Eines Tages dann kam der Moment, als ich mich von ihr verabschieden wollte. Ich fühlte, dass ich meinen Weg nun allein weitergehen wollte. Nicht nur für mich, sondern auch für meine Klienten, denn da gab es einige, die mich auf Lisas Anwesenheit ansprachen und mir sagten, sie wollten lieber allein mit mir eine Sitzung.

Ich kann mich noch wie heute an diesen Tag erinnern, als ich tief in mir spürte, dass ich meinen Weg allein beschreiten wollte. Ich war jedoch von Anfang an stets darauf bedacht, die höchste Qualität und Professionalität in meinen Sessions anzubieten. Deshalb habe ich erst einmal ein paar Sitzungen allein abgehalten, um Feedback von Klienten zu bekommen. Lisa sagte ich davon nichts.

Nun, die Feedbacks waren grandios. Alle sagten, es sei sogar noch mehr Energie geflossen. So entschied ich, mich tatsächlich von Lisa zu trennen. Es fühlte sich fast so an wie ein »Schlussmachen« in einer Beziehung. Sie war sichtlich traurig und auch verblüfft, dass sich unsere Wege so schnell wieder trennten. Doch sie wusste, was mich ausmachte, und hat mich stets darauf hingewiesen, mein Wissen mit Demut und Dankbarkeit und vor allem tiefem Respekt nach außen zu tragen. Das tue ich bis heute. Übrigens war sie auch der Mensch, der mir schon im Jahr 2015 sagte: »Du wirst einmal ein Buch schreiben und es wird ein wertvolles Wissen enthalten.«

Liebe Lisa, wenn du das liest, möchte ich dir an dieser Stelle meinen tiefen Herzensdank aussprechen für all das, was du für mich und meine Familie getan hast!

Für mich war es entscheidend, nun meinen eigenen Weg zu gehen. Es war wie ein Quantensprung und ich lernte ganz viel über mich und meine Wahrnehmung. Ich wurde natürlich auch ins kalte Wasser geworfen und gleichzeitig fühlte ich mich von meinem geistigen Lichtteam aufgefangen. Obwohl ich noch nicht alles über meine Gabe wusste, fühlte ich, dass ich darauf vertrauen konnte, dass mir in jedem Moment nur das gegeben wurde, was ich händeln und verarbeiten konnte.

Am Anfang meiner Selbstständigkeit arbeitete ich noch zu 80 Prozent in einer Marketing-Kommunikationsagentur in Zürich. Meinen freien Tag nutzte ich, um Klienten zu empfangen. Weiterhin im Praxisraum meiner Mutter. Doch irgendwann wurde es für uns beide dort zu eng. So kam der Tag, als ich mir selbst einen Praxisraum mietete, sehr zentral in der Nähe vom Bahnhof St. Gallen. Ich empfing da jeweils freitags Klienten. Nach ein paar Monaten reichte der Freitag nicht mehr aus und ich machte mich auf die Suche nach einem Raum, den ich auch abends und an den Wochenenden nutzen konnte.

Ich fand meinen Raum in Gossau, einem Ort in der Nähe von St. Gallen. Es war ein kleiner Raum. Ich hatte jedoch die Möglichkeit, nebenan einen größeren Raum noch dazuzumieten, wenn ich Veranstaltungen oder Meditationen anbieten wollte. Dort in Gossau begann dann mein Weg in die Öffentlichkeit. Ich führte regelmäßige Gruppenmeditationen durch, anfangs noch mit Begleitung von Lisa.
In dieser Zeit lernte ich so vieles. Ich verstand, dass jeder Mensch anders auf mein Wirken reagierte, und wurde täglich von meinem geistigen Lichtteam angeleitet. Jede Behandlung war einzigartig – und das ist noch heute so. Immer wieder war da ein Mensch vor mir, eine Seele, die sich erinnern wollte. An die Urkraft, die sie in sich trug. Aber auch an die Selbstheilungskräfte, die in ihr zur Entfaltung kommen wollten.

Ich wollte nie Heilerin sein, sondern immer eine Frau, die den Menschen die heilsame Erinnerung an ihren ureigenen Herzensklang zurückschenkt.

Meine Tage waren lang zu jener Zeit. Ich wohnte in St. Gallen und pendelte von Montag bis Donnerstag nach Zürich, wo ich in der Marketing-Kommunikationsagentur arbeitete. Ich hatte einen wunderbaren Chef, der mir sehr viel Freiraum ließ und mir half, in allen Belangen selbstständig zu werden. Zugleich war er immer da, wenn ich ihn brauchte. Anfangs erzählte ich ihm noch nichts von meinen Wahrnehmungen. Ich war einfach noch nicht bereit dafür, mich damit zu öffnen. Irgendwann aber bekam er immer mehr Einblick in mein Leben, meine nebenbei entstehende berufliche Selbstständigkeit – und dann kam der Zeitpunkt, als ich wusste: Es ist Zeit für 100 Prozent Selbstständigkeit.

Meine Tage waren einfach zu lang und meine Energie war zerstreut. Ich fühlte mich geteilt und es brauchte enorme Kraft, mich auf meine Gabe zu konzentrieren und gleichzeitig immer wieder nach Zürich zu pendeln und in diesen Menschenmengen zu sein.
Das Zugfahren enthielt für mich große Lehren. Ich wurde mit den verschiedensten Energien konfrontiert und all die Menschen lehrten mich, wie ich mit meiner Wahrnehmung umgehen konnte. Sie lehrten mich nicht bewusst. Ich nahm einfach ihre Energien wahr und mein geistiges Lichtteam zeigte mir, was ich dabei lernen und wie ich mit diesen Energien der Menschen umgehen kann. Eben nicht nur in Behandlungen, sondern auch in meinem Alltag.
Da gab es Tage, da erlebte ich die erstaunlichsten Geschichten im Zug. Alles war wie geführt und auch die Menschen, die neben mir oder im selben Abteil saßen, schienen immer genau zu passen. Mir war bewusst, dass das Leben mich lehrte, indem es mir diese herausfordernde Zeit schenkte. Ich sollte und konnte daran die Kraft für all das entwickeln, was mich noch erwartete. Ich wurde vorbereitet. Auf meine 100 Prozent Selbstständigkeit und auf die Öffentlichkeit.
Da war zum Beispiel ein frühes, sehr prägendes Erlebnis im Zug. Ich musste damals immer um fünf Uhr aufstehen und um sechs Uhr den Zug nehmen. Für mich waren die Morgenstunden die schönsten, sie waren so voller Magie und Ruhe. Ich suchte mir das Zugabteil und auch meinen Sitzplatz immer intuitiv aus. An jenem Morgen setzte ich mich hin und bemerkte, dass auf einmal mein linker Arm extrem schmerzte. Aus dem Nichts war da ein stechender Schmerz in meinem Ellbogen. Er wurde immer intensiver. Also fragte ich mein geistiges Lichtteam, ob etwas mit meinem Arm nicht in Ordnung sei. Sie wiesen mich an, zu den nächsten Sitz-

plätzen zu schauen. Und da war ein Mann, der seinen linken Arm in einer Schlinge trug, der Ellbogen hatte einen Verband. Ich verstand noch immer nicht, bis mein geistiges Lichtteam mir sagte: »Du kannst die Schmerzen der Menschen in deinem Körper spüren. Die Schmerzen deines Umfeldes werden dir anhand deines Körpers gespiegelt und es ist wichtig, dass du lernst, damit umzugehen.«

Hm, ich sage dir, das war erst mal ein Schock! Es war gar nicht so einfach, mit solchen Schmerzen umzugehen. Doch ich lernte von Tag zu Tag mehr, wie ich meine und die Energien um mich herum kanalisieren konnte. Noch heute habe ich nicht ausgelernt; das Thema, Energien zu kanalisieren, ist enorm groß. Doch es ist eines der wichtigsten Instrumente, wenn du als feinfühliger Mensch mit deinen Wahrnehmungen gut umgehen willst. Wenn wir Energien kanalisieren können, ist es uns möglich, die Dinge und Phänomene richtig einzuordnen. Als feinfühlige Menschen können wir dann verstehen, was passiert – nicht nur unbewusst, sondern bewusst. Dann können wir mit unseren ungewöhnlichen Empfindungen bestmöglich umgehen und sie für uns und andere zur Heilung nutzen.

Damit wir feinfühlige, sensitive Menschen verstehen und einordnen lernen, ist es als Erstes erforderlich, dass wir zulassen, dass wir Kanal sind. Kanal zwischen Himmel und Erde. Du kannst dir das wie eine Art Pipeline vorstellen, in der Energie und Information vom Himmel zur Erde fließen. Du selbst bist diese Pipeline und deine Wahrnehmungen sind der Inhalt, der transportiert wird.

Deine Aufgabe als feinfühliger, sensitiver Mensch ist es, dass du deine Pipeline durchlässig hältst. Das heißt für dich, dass du Verantwortung dafür trägst, dass es dir und dieser Pipeline, sprich deinem Körper, deinem Geist und deiner Seele, gut geht.

Der erste Schritt deiner Kanalisierung ist es also, dass du innerlich für dich annimmst, dass deine Pipeline zwischendurch im Ungleichgewicht sein darf, dass es jedoch dein höchstes Lebensziel ist, dass sie wieder in die Balance kommt und die Energien fließen können. Denn das hilft dir schlussendlich, in deinem Leben mit allen Belangen leichter umzugehen. Innerlich vertraust du auf diese Weise dem Fluss des Lebens und bist dir bewusst, dass er dich immer leiten wird.

Ein reinigender Wasserfall

Vielleicht magst du dir einmal vorstellen, wie du mit mir gemeinsam an einem wundervollen Wasserfall stehst. Du siehst, wie das Wasser hinabfließt. Betrachte das glasklare Wasser, wie es ganz natürlich von oben nach unten fließt. Unten trifft es auf einen schönen großen Stein und spritzt als Tausende kleine Bläschen wieder ein Stück hinauf. Es bildet einen Nebel und kehrt schließlich wieder in den Fluss zurück, der es trägt.

Stell dir vor, dass du tief mit dem Wasser verbunden bist. Stell dir vor, dass dich das Wasser, das da fließt, reinigt. Jede Zelle, jede Faser deines Körpers wird durchspült und neu ausgerichtet.

In diesem Moment singe ich für dich. Ich singe für dich und deinen Körper, um dich da zu umarmen, wo du die Quelle deines Seins noch nicht ganz annehmen konntest. Ich singe für dich, um dir die Kraft zurückzuschenken und das Wissen, dass da in dir die Reinheit der Quelle fließt. Ich singe für dich, um dich zu erinnern. Es ist Zeit. Es ist deine Zeit. Zeit voranzuschreiten.

Die Neuausrichtung führt dich. Sie belebt dich. Die Neuausrichtung lässt dich jede Situation in deinem Leben neu ordnen. Und auch deine Energien sortieren sich neu. Möge dies nun für dich so geschehen, wie es einst der Plan deiner Seele war.

Auf der Website, die sich hinter dem QR-Code hinten im Buch verbirgt, kommst du auch zu einer kurzen Meditation, untermalt von einem Gesang, die dich noch tiefer mit dem Wasserfall und der Quelle in dir verbinden kann.

Wenn ich in mir fühle, dass es Zeit ist, Zeit für eine Reinigung, Zeit für eine Neuausrichtung, dann liebe ich es, wenn ich mir selbst Raum dafür gebe. Ich liebe es, wenn ich es mir erlaube, erst meine inneren Räume zu öffnen, um mich dann um meine äußeren Räume zu kümmern.

Wenn die Kraft der Neuausrichtung mich führt, gebe ich mich hin, weil ich weiß, dass die Quelle meines Ursprungs all das, was vor mir liegt, so gewollt hat. Und ich übe mich in Hingabe. Denn Hingabe öffnet und Hingabe verbindet.

Mögest du dir mit diesen Zeilen, wo auch immer du in deinem Leben stehen magst, erlauben, dich mit deiner inneren Quelle, mit deinem inneren Fluss so zu verbinden, wie du dich als Mensch, als Seele aufgehoben und sicher auf dieser Erde fühlst.

ALS DIE LICHTSPRACHE BEI MIR ANKLOPFTE

DER INTUITION FOLGEN

Es gab eine Zeit in meinem Leben, in der ich eine tiefe Leere fühlte. Ich arbeitete zwar an einem wundervollen Ort, war gesund, hatte liebe Freunde, doch irgendwie fühlte ich, dass etwas in mir nicht erfüllt war. Immer wenn ich Zeit für mich brauchte, fuhr ich einfach mit dem Auto los, hörte einen epischen Sound und ließ meine Gedanken schweifen. Ich kann dir nicht sagen, warum, aber das beruhigte mein Wesen. Die Geschwindigkeit des Autos, die Musik dazu und das Alleinsein.

Einmal vor Ostern fuhr ich nach Italien. Ich wollte unbedingt das Meer sehen. Es war ein so tiefer Wunsch in mir. Also packte ich meine Sachen und fuhr mit meinem Mini Cooper nach Süden. Celle Ligure sollte es sein. An der Grenze wunderten sich die Zöllner, warum eine junge blonde Frau so allein nach Italien fuhr. Nun, ich fuhr weiter und weiter, bis ich am Meer war. Es war schon fast dunkel und ich hatte noch keinen Schlafplatz. Ich suchte und suchte und fand kein Hotel mehr. Da wurde mir schon etwas mulmig, doch ich vertraute einfach. Ich hatte damals ein krasses Gottvertrauen – wenn ich heute daran denke, was ich in meiner Jugend alles gemacht habe, wird mir schlecht. Das kennst du vielleicht von dir.

Irgendwie führte mich meine Intuition etwas weg vom Meer in ein kleines Bed and Breakfast. Das betrieb eine ältere Frau, die zu meinem Glück Deutsch sprach. Als ob sie schon wusste, dass ich kommen würde, bot sie mir direkt ein Zimmer an.

Es war ein kleines, jedoch sehr geschmackvoll eingerichtetes Zimmer. Ich war müde, legte mich hin und schlief sofort ein. Am nächsten Morgen wollte ich die Gegend erkunden. Ich lief Richtung Meer, da fiel mir eine Kirche oder eher Kapelle ins Auge und irgendeine Stimme in mir sagte ganz laut: »Geh da rein.« Also lief ich die Treppe der Kapelle hoch und es

fühlte sich an wie ein Wiedersehen, eine Rückkehr. Ich ging in die Kirche hinein. Alles wirkte auf einmal verlangsamt. Ich ging zum Altar nach vorn und da hörte ich sie, die Stimme meiner Geistführerin, nur dieses Mal viel klarer und reiner, nicht so, wie ich sie immer als Kind gehört hatte. Da waren es eher Gedanken, jetzt aber hörte ich die Stimme ganz klar. Sie kam mir vertraut vor und zunächst erschrak ich.
Die Stimme sagte zu mir: »Ich bin es, Elena-Maria. Ich begleite dich, damit du dich zurückerinnern kannst, wer du bist.« Ich verstand nicht und musste das wohl auch nicht. Ich versuchte einfach den Moment in mich aufzusaugen und die Schwingung in dieser Kirche zu spüren. Tränen kullerten über mein Gesicht. Ich fühlte Dankbarkeit, Demut und Geborgenheit zugleich.

Diesen Moment werde ich niemals vergessen. Er eröffnete mir ein heilsames Feld meines persönlichen Erkennens. Das Feld meiner Rückverbindung, das Erkennen meines Plans.

Viele Menschen glauben, dass ich aufgrund meiner außergewöhnlichen Feinfühligkeit immer weiß, was ich zu tun habe, und in meinem Leben stets eine Antwort kenne. Da muss ich enttäuschen. Das ist nicht so und das wird niemals so sein. Auch ich bin ein Mensch. Ich durchlaufe Prozesse und die scheinen mir manchmal noch heftiger zu sein, als viele andere sie erleben. Denn wenn ich Menschen Dinge weitergebe, ist es immer so, dass ich die inneren Entwicklungsschritte zuerst selbst durchlaufen muss. Für all die Dinge, von denen ich dir in diesem Buch erzähle, musste ich erst selbst Erkenntnisse und entsprechende Emotionen verarbeiten. Das ist einfach so. Erleuchtung ist für mich ein Zustand, der von einem Menschen nicht erreicht werden kann. Sorry, das musste ich einmal so radikal äußern. Der Weg des Herzens, der Weg der Rückverbindung ist eher ein harter Weg. Es ist ein Weg, der alles von uns fordert. Ein Weg der tiefen Begegnung mit unserem wahren Kern. Wir müssen wirklich hinschauen. Wenn wir erkennen wollen, wer wir sind, kommen wir nicht darum herum, dem Schmerz tief in die Augen zu schauen. Wenn wir uns mit unserem Potenzial verbinden möchten, müssen wir bereit sein, den tiefen Höhlen unseres Schmerzes Raum zu schenken. Wir müssen bereit sein zu erkennen, dass nicht der Schmerz uns führt, sondern die Schönheit, die hinter dem Schmerz steckt.

Nun, mein Weg des Erinnerns ist noch immer von vielen Tiefen geprägt. Noch heute gehe ich durch intensive Prozesse hindurch, die mich oft an meine physischen, aber auch geistigen Grenzen bringen. Oft darf ich nicht nur für mich Blockaden und festgesetzte Emotionen transformieren, sondern auch für ein kollektives Feld. Meine Seele hat die Aufgabe, dort neue Ebenen zu eröffnen: Bewusstseinsfelder, in denen die Menschen sich selbst erkennen, heilen und wachsen können. Damit ich ein solches Feld öffnen kann, muss ich mich immer erst emotional nackt zeigen. Erst wenn ich mich menschlich und in meinem Schmerz zeige, können diese Felder durch meinen Gesang, aber auch durch die Lichtsprache fließen. Das erfordert einen tiefen Mut meines menschlichen Seins. Das Thema Mut ist überhaupt etwas, das mich schon als kleines Kind täglich begleitete. Ich war seit der Kindheit anders als die anderen. Ich brauchte viel Aufmerksamkeit und gleichzeitig war ich sehr reif für mein Alter.

~ **Ich konnte nie verstehen, warum Menschen nicht mutiger sind, denn durch Mut entsteht Neues, neue Felder, neue Bewusstseinsebenen.**

Wenn wir beginnen, über die Grenzen unserer Komfortzonen zu gehen, begegnen wir immer mehr unseren Potenzialen. So kam durch mein persönliches Wagen auch mein Potenzial immer mehr hervor und möchte nun nach außen getragen werden. Zugleich muss ich sagen: Beim Schreiben dieser Zeilen begleitet mich nicht nur der Mut, auch die Angst sitzt mir auf der Schulter. Doch da ich weiß, dass meine innere Pionierin erst wirklich in vollster Kraft nach außen treten kann, wenn ich beginne, mich Schritt für Schritt zu zeigen, wage ich es. Ich wage diesen Schritt nach vorn.

In genau diesem Moment erhalte ich in mir ein Bild. Ich sehe eine weiße Fahne vor mir. Am Horizont. Da ist die Weite meines Weges. Links und rechts scheint ein Schlachtfeld zu sein. Ich sehe diese weiße Fahne, vorn an einer Klippe. Ich sehe den Weg dahin. Er ist steinig, mein Weg, dein Weg, unser Weg. Und doch wage ich es, während der Wind der Neuausrichtung weht. Er weht für dich, er weht für mich, für uns, für die Erde.

Und nun habe ich eine Entscheidung zu treffen. Die Entscheidung, ob ich mein Pionierwissen leben will oder ob ich in der Opferhaltung bleiben möchte. In diesem Moment weht mir der Wind ins Gesicht. Ich fühle die leichte Sommerbrise und die Aufbruchstimmung in mir. Und in diesem Moment sage ich Ja. Ich schreie dieses Ja in die Welt hinaus. Es ist, als ob ich mich mit diesem Schrei von vielen alten Ketten befreie. Die Erde bebt um mich herum. Mein Körper bebt ebenso und ich fühle die Freiheit. Wow, diese Freiheit erfasst jede Zelle meines Seins und schenkt mir eine unendliche innere Weite.

Ich weiß, dass innere Weite der äußeren Weite vorangeht. Erst wenn wir uns die innere Weite erlauben, kann die äußere Weite ins Leben treten.

~ **In diesem Moment, wenn wir Türen öffnen, Türen unseres Pionierseins, kommt tiefer Schmerz hoch. Schmerz, der jahrelang in diesen verstaubten Türen hing. Und dahinter ist die Schönheit. Die Schönheit unseres Wesens.**

Also komm, ich nehm dich an die Hand. Ich gehe ein Stück weit voran, wenn du magst. Doch wisse: Laufen und es wagen musst du selbst. Ich nehm dich nun mit zu einem der berührendsten Momente meines Lebens, als nämlich der Lichtgesang zum ersten Mal durch mich floss.

DER MOMENT, ALS DER LICHTGESANG ERSTMALS FLOSS

Manchmal überrascht uns das Leben, dabei erinnert es uns immer wieder aufs Neue an unseren ureigenen Plan. Ich wollte eigentlich nur mit meinem Bruder gemeinsam ein Lied für meine Mutter zu ihrem Geburtstag singen und dachte mir damals: Ich nehme doch mal besser eine Gesangsstunde. Ohne zu wissen, dass damit mein größtes Abenteuer begann.

Meine Gesangslehrerin und ich, wir verstanden uns ohne Worte. Ich sang nur einzelne Töne und dabei flossen so viele Tränen. Es fühlte sich so an, als ob alter Schmerz von mir abfloss. Jeder Ton, der durch mich erklang, trug eine vibrierende, magische Welle in sich. Die Welle durchdrang mich und ich zitterte am ganzen Körper. Nicht aus Angst, sondern in tiefer Geborgenheit und Liebe. Da war so unendlich viel Liebe in diesem Raum! Es fühlte sich so an, als ob ich umarmt würde, und gleichzeitig waren da Töne, die ich von mir noch nie gehört hatte.

Da war diese unglaublich heilsame Stille und die tiefste Liebe, die ich jemals erlebt habe. Im selben Moment war da auch eine enorme Klarheit und eine Reinheit in meiner Stimme, sodass die Gesangslehrerin tief berührt sagte: »Das, Katja, das ist deine Gabe. Das ist deine Stärke. Das ist so berührend und tief aus dem Herzen heraus. Damit berührst du viele Menschen! Trau dich, diese Töne schwingen zu lassen!«

Wenn ich heute über diesen Moment schreibe, weine ich wieder. Ich weine in der tiefen Dankbarkeit, dass ich mich getraut habe, diesen Tönen und meiner Ursprache einen immer noch tieferen und innigeren Platz zu schenken. Ich weine aus Freude, weil ich es geschafft habe, mir selbst meinen Platz zu schenken. Und ich kann dir sagen: Dieses Gefühl ist Magie. Ich fühle mich gerade so, als ob ich für diesen Moment jetzt und hier inkarniert bin. Ich fühle, dass ich Teil bin von etwas, dass wir Teil sind von einer gemeinsamen Mission. Ich sehe mich auf einem Hügel für ganz viele Menschen singen. Es ist wie ein Weckruf. Ein Weckruf an viele Seelen, ein Weckruf an die Erde – und so beginnt nun etwas Neues, das kann ich in jeder Zelle meines Seins spüren.

~ **Ich erwache gemeinsam mit dir. Wir erwachen gemeinsam in unsere wahre Kraft.**

Halte hier bitte kurz inne und schließ deine Augen. Atme tief in dein Herz hinein und sage Ja. Ein lautes Ja zu dir. Ein Ja zu deinem Weg und zu deiner Aufgabe hier auf der Erde. Auch wenn du noch nicht weißt, was auf dich wartet, sag einfach Ja. Mit diesem Ja schenkst du dir Freiheit. Du schenkst dir die Freiheit, genau so zu sein, wie du bist. Und du schenkst dir die Präsenz, nun ganz bei dir anzukommen. Stell dir vor, wie du bei diesem Ja innerlich deine Arme nach oben streckst und dir einen großen Freiraum in deinem Herzen erlaubst.

Manchmal stellt uns das Leben vor große Aufgaben, um uns noch tiefer mit unserem Herzen zu verbinden. Meine Aufgabe war schwierig und gleichzeitig so unglaublich heilsam für mich. Ich spürte schon lang, ich hatte seit Anbeginn meiner Inkarnation als Katja die Aufgabe, mit meinem Wesen, meiner Präsenz zu erinnern, zu verändern und neue Felder zu eröffnen. Doch immer wieder plagte mich mein Verstand und mein Ego sagte mir: »Katja, du kannst dich doch nicht so groß, so wertvoll fühlen, dass du denkst, dass du mit deiner Stimme Tausende von Menschen berühren kannst!« Ich hasste sie, diese Egostimme, denn die Stimme meines Herzens sagte immer im selben Moment: »Katja, bitte sei geduldig, alles kommt. Dein Moment des Erinnerns, dein Moment der Bewegung auf der Erde kommt. Du weißt noch gar nicht, wie viel du bewegen wirst!«

Diese Worte lösen immer wieder Tränen bei mir aus. Wenn ich sie hier nochmals niederschreibe, fühle ich tiefe Demut in mir. Demut für meinen Plan. Demut für den Plan so vieler Seelen, die mit mir hier inkarnierten. Ich kann dieses Gefühl, das ich in diesem Moment empfinde, gar nicht in Worte fassen. Es ist wie aus einer anderen Welt. Aus einer anderen Sphäre. Nicht beschreibbar mit Worten in unserer Sprache hier auf der Erde. Doch vielleicht kann ich dich dennoch daran erinnern, dass auch in dir dieses Gefühl lebt und gefühlt werden will.

MEINE WAHRNEHMUNG UND DIE LICHTSPRACHE

Damit du verstehen kannst, wie ich wahrnehme, versuche ich es dir mithilfe meines geistigen Lichtteams einmal kurz zu erklären. Es gibt auf der Erde verschiedene Bewusstseinszustände oder auch Bewusstseinsfelder. Ich kann in diese Bewusstseinsfelder schauen, hören und fühlen. Das heißt genau genommen, ich kann die Aura und die DNA-Felder der Menschen wahrnehmen und sie mit der Lichtsprache erwecken. Damit kann ich die Menschen für das öffnen, was für ihre Seele vorgesehen ist.

Sobald ich in der Lichtsprache zu einem Gegenüber spreche, schaltet sich dessen Verstand aus und der Mensch oder besser: seine Seele beginnt, sich an ihren ureigenen Plan auf der Erde zu erinnern. Die Worte sind wie Erinnerungen, Melodien, die in den innersten Kern dieser Seele vordringen. Die Schwingungen versetzen den Körper in einen Bewusstseinszustand, in dem die Seele selbst erkennen und sich erinnern kann.

Mit meiner Wahrnehmung habe ich die Möglichkeit einer Einsicht in die Energiefelder der Menschen, sobald ich den Kanal öffne. Mein geistiges Lichtteam führt mich dann an wichtige Themen im Leben meines Gegenübers und gibt mir über mein Gehör Impulse, wo ich mit der Lichtsprache und dem Gesang ansetzen darf.

Es gibt Situationen, da erhalte ich die Information, dass es noch zu früh ist, mit einer Person zu arbeiten. Die Lichtsprache ist sehr mächtig und nicht jeder Mensch ist bereit, diese Frequenzen auszuhalten, zu verstehen, anzunehmen und umzusetzen. Ich erlebe immer wieder, dass mir Menschen, bevor sie mich aufsuchen, monatelang auf Social Media folgen oder meinen Newsletter beziehen. Manche brauchen lange, bis sie sich trauen, mich anzuschreiben, weil sie Angst haben, ich könnte etwas sehen, das sie nicht bereit sind anzuschauen.

Oft ist es auch eine Angst der Seele, die mit hineinspielt. Menschen sehen mein Bild und wissen intuitiv: Da wird sich etwas zeigen. Die Seele, die spürt es einfach. Ich habe schon Klienten gehabt, die von mir geträumt hatten, ohne mich zu kennen. Und als sie durch »Zufall« dann irgendwo mein Bild sahen, erschraken sie.

Einige meiner Klienten sagen auch, dass ich sie in den Nächten aufsuche und mit ihnen an ihren Themen arbeite. Das ist plausibel, denn in den Nächten verarbeitet unsere Seele ihre Erlebnisse, sie wird oft wachgerüttelt und vom geistigen Team daran erinnert, auf Kurs zu bleiben oder etwas zu ändern und neu zu wagen.

Die Lichtsprache ist nicht zuletzt auch dafür gedacht, dass die Menschen mehr in Kontakt mit den höheren Ebenen und Dimensionen treten. Genau da liegt in der nahen Zukunft das größte Potenzial. Wir wissen gar nicht, was wir alles noch nicht wissen. Da ist noch so vieles in uns und in unserem Universum, das wir nicht kennen.

Verbindung zu deinem Lichtteam aufnehmen

Ich empfehle allen feinfühligen Menschen, die zum ersten Mal mit ihrem geistigen Team in Verbindung treten wollen und eine Frage zu ihrem ureigenen Plan auf Erden haben, dies über den Traum zu versuchen. Das heißt, du schreibst auf ein weißes Blatt Papier die Frage, die du an dein geistiges Team richten möchtest, und bittest um Hilfe. Dann legst du das Blatt neben dein Bett auf deinen Nachttisch und morgens, wenn du aufwachst, kennst du meist die Antwort. Natürlich ist das Trainingssache. Versuch es einfach immer und immer wieder. Ich bin mir sicher, dein Team versucht alles, um mit dir in Kontakt zu treten, denn das ist es, was sich die geistigen Wesen sehnlichst wünschen.

WIE ICH DIE LICHTSPRACHE HÖRE

Ich höre die Lichtsprache in mir und gebe sie bei den Behandlungen als Erinnerung an die Klienten weiter. Du kannst dir das wie ein Echo vorstellen. Ich höre etwas und gebe es weiter. Die Melodien und Texte höre ich in meinem Inneren, ein bisschen so, wie du auf einem Konzert hörst, was die Band spielt und was die Sänger singen. Es ist schwer zu beschreiben. Ich weiß auch gar nicht mehr, seit wann ich die Lichtsprache wirklich höre. Als Kind waren es mehr Melodien, die ich im Kopf hatte und summte. Oft teilte ich sie mit niemandem außer meinem Lichtteam.

Mein Lichtteam erklärte mir, dass ich in meiner DNA das Wissen der Lichtsprache trage. Sie sagen, es wurde mir übertragen, bevor ich auf diese Erde kam. Es war sozusagen ein Auftrag meiner Seele, mich wieder an dieses Wissen zu erinnern und dies auch anderen zu ermöglichen. Auch beim Schreiben höre ich oft, was ich als Nächstes tippen soll. Es gibt jedoch auch Tage, da höre ich nicht viel. Da ist mein Kanal auf Stand-by und manchmal muss ich sogar Beratungen absagen, um Pause für mich zu haben. An diesen Tagen ist mein Körper einer Schwingungserhöhung ausgesetzt. Mein Lichtteam bereitet ihn auf neue Aufgaben vor, die auf mich zukommen. Es wird an meinem Körper gearbeitet, damit ich für Schwingungen vorbereitet bin, die ich an Klienten übergeben oder auch ins kollektive Feld einspeisen darf.

Oft nehme ich einen tiefen Schmerz im kollektiven Feld wahr. Früher hatte ich damit Mühe – vor allem abzugrenzen, was meine Gefühle sind und was die Gefühle des kollektiven Felds sind. Diese Prozesse sind für meinen Körper sehr herausfordernd. Obwohl mein geistiges Lichtteam mir immer wieder sagt, dass mein Körper auf Schwingungserhöhung ausgerichtet ist und auch speziell für die Lichtsprache vorbereitet wurde, ist es für mich als

Mensch nicht immer einfach, diesen Energien standzuhalten. Manchmal bin ich sehr froh, dass ich meine Mutter habe. Wir verstehen uns ohne Worte und sie kennt mich und meine Prozesse. In den Momenten, in denen es mich wieder durchrüttelt und durchschüttelt, ist es immer sie, die an meiner Seite ist und mit ihrer Kraft und ihrer Präsenz meine Wesenheit ausgleicht und stabilisiert. Danke, Mami, ich bin so froh, dass ich dich als Mutter gewählt habe, und freue mich auf alles, was wir hier auf Erden noch bewegen werden.

DIE LICHTSPRACHE UND IHRE CODIERUNG

Die Lichtsprache ist eine Art codierte Schwingung, die an eine Einheit von Seelen gerichtet ist. Nicht jeder Mensch versteht, erkennt oder fühlt die Lichtsprache. Außerdem gibt es verschiedene Arten von Lichtsprache und ich spreche mehrere davon.

Beginnen wir bei der ersten: die Reinheit der Seele. Mein geistiges Lichtteam nennt diese Lichtsprache: »Nogschie sai dam«. Das heißt übersetzt: »Da, wo du herstammst«.

Diese Codierung wende ich vor allem bei Veranstaltungen, aber auch in Einzelsessions an. Es ist für mich die einfachste und auch die Codierung, die sofort erinnert, da die Informationen, wie der Name schon sagt, direkt aus der Herkunft stammen. Was aber ist mit Herkunft gemeint? Hierzu antwortet mein geistiges Lichtteam Folgendes:

Unsere wahre Herkunft

Geistiges Lichtteam: *Es gibt verschiedene Herkunftsarten, aber auch verschiedene Dimensionen, in denen eine Seele inkarnieren kann. Die Lichtsprache, die du, Katja, am häufigsten übermittelst, berührt und erinnert vor allem alte Seelen. Seelen, die einst in Lemurien, Atlantis oder Avalon inkarniert waren. Du hast jedoch auch die Möglichkeit, Codierungen der Plejadier oder der Siraner (eine außerirdische Spezies, die in der Zukunft noch viel mehr Bedeutung für euch auf Erden haben wird) verschlüsselt durchzugeben.*

Katja: *Eine Frage, die mich selbst sehr interessiert, ist, ob man die Lichtsprache lernen kann? Kann ich die Lichtsprache anderen feinfühligen Menschen weitergeben?*

Geistiges Lichtteam: *Die Lichtsprache ist ein uraltes Wissen, das einst in einem Goldenen Buch aufbewahrt wurde, niedergeschrieben noch vor Christus in vielen Orden und Gemeinschaften von sehr hoch entwickelten Wesen und Menschen, die bereit waren, für die Erde zu wirken und ihr zu dienen. In diesem Buch ist ein Wissen enthalten, das nicht jedem Menschen zugänglich gemacht wird. Es ist für euch alle wichtig zu verstehen, dass nicht jeder Mensch die physische und geistige Stabilität hat, um die Frequenzen und Infos aus diesem Buch anzunehmen und zu verkörpern. Das ist nicht wertend gemeint, doch wollen wir euch hier einfach sagen, dass die Lichtsprache ein Geschenk an eine Seele ist. Es ist etwas,* *das in unseren Ebenen übertragen wird, ein großes Wissen, das einer gewissen Reife der Seele, aber auch einer gewissen Demut und Dankbarkeit dem höheren Plan gegenüber bedarf. Es ist eine Einweihung, die einzelne Seelen von uns erhalten. Wir sind der hohe Rat der Weisen, so nennen wir uns zumindest nach außen hin. In einem späteren Buch von dir, Katja, werden wir tiefer auf uns selbst sowie auf unsere Aufgaben im Universum eingehen. Hier würde es den Rahmen sprengen. Nun, Katja, reicht dir dies als Antwort?*

Katja: *Ja, meine Wundervollen, das ist schon ziemlich konkret. Was ich aber immer noch nicht ganz verstehe und was sicherlich auch die Leserinnen und Leser wundert, ist: Wie wird die Lichtsprache zu den Menschen, den Seelen der Menschen transportiert, wenn ich sie singe oder spreche?*

Geistiges Lichtteam: *Nun, eine sehr weise Frage. Darauf müssen wir euch ehrlich mitteilen, dass die deutsche Sprache zu eingeschränkt ist, als dass wir euch genau beschreiben könnten, wie die Codierungen und Schwingungen wirklich verankert werden. Wir versuchen, in eurem eingeschränkten Vokabular einen Weg zu finden, über Katja die Worte zu channeln. Katja, bist du bereit? Denn wir spüren, dass du noch etwas Angst hast vor der Antwort?*

Katja: *Oh ja, die habe ich, weil ich einfach auch sehr großen Respekt vor all dem habe, was ich für euch ausführen darf.*

Geistiges Lichtteam: *Nun, einmal mehr weist dich deine Angst auf dein größtes Potenzial hin. Dein größtes Potenzial ist es, eine Menge von Menschen zu erwecken. Dies wirst du tun, es steht in deinem Plan. In dieser jetzigen Inkarnation mehr denn je!*

Katja: Okay, wenn ich das höre, weine ich und ich spüre eine tiefe Sehnsucht. Ich spüre die Wichtigkeit dahinter, jedoch auch die Hürden für mich als Mensch, die ich zu meistern habe.

Geistiges Lichtteam: Was bis jetzt mit dir und durch dich geschah, war erst der Anfang. Mehr verraten wir nicht. Und das alles darf ins Buch, denn wir spüren dein Grübeln, ob du es im Buch lassen möchtest. Wir umarmen dich in diesem Moment, das ist genau das, was dich authentisch macht. Bitte lass es so drucken.

Katja: Okay, vor euch kann ich mich nicht verstecken.

Geistiges Lichtteam: Niemals. Verbunden über Welten und Dimensionen wirken wir gemeinsam. Gemeinsam in einer Einheit.

Katja: Wundervoll. Gibt es konkret noch etwas, das ich übersetzen darf aus der Lichtsprache? Ist es schon Zeit, die Lichtsprache zu übersetzen?

Geistiges Lichtteam: Das Thema wollen wir in diesem Buch nur am Rande anschneiden, es wäre noch zu früh. Die Erdschwingung erhöht sich täglich und dadurch können wir auch die Lichtsprache über dich tiefer codieren und vor allem schneller über deinen Kanal übermitteln. Würden wir hier und jetzt schon mehr über die Lichtsprache schreiben, wäre es für die Leserinnen und Leser zu viel Stoff. Sie könnten es nicht verarbeiten, denn was hier an Wissen vermittelt wird, ist schon mehr als genug. Wie sagt ihr bei euch auf Erden: Das ist schon harter Stoff genug. Wir lassen euch also etwas Zeit, erst einmal diese Infos zu verarbeiten, und zusätzlich wollen wir euch auch etwas Vorfreude auf alles Weitere lassen. Ja, liebe Katja, wir wissen, du wärst schon bereit, doch gib den Leserinnen und Lesern noch Zeit.«

Katja: Das macht mich etwas traurig. Doch ich vertraue euch, auch wenn ich schon so gespannt wäre, selbst mehr über die Lichtsprache zu erfahren. Nun noch eine letzte Frage: Kann ich Menschen, Seelen in der Lichtsprache ausbilden?

Geistiges Lichtteam: Nein, zum jetzigen Zeitpunkt ist die Lichtsprache erst mal dazu gedacht, andere Seelen durch dich zu erinnern, neue Bewusstseinsfelder auf der Erde zu schaffen und Energiefelder für die neue Zeit anzupassen. Wie bereits erwähnt bedarf die Lichtsprache einer gewissen Reife der Seele. Es kann jedoch gut sein, dass wir, der Rat der Weisen, uns entscheiden, später über deine Community gewisse Codierungen zu lehren oder diese in Form eines Kurses durchzugeben. Dies ist aber zum jetzigen Zeitpunkt noch nicht im Vordergrund, da die Aufgabe deinerseits vor allem die ist, Menschen zu erwecken und an den Ursprungsplatz der Seelen zu erinnern.

Katja: Ich danke euch aus tiefstem Herzen.

Geistiges Lichtteam: Oh, wir danken dir!

Die Sprache unseres Herzens lügt nie. Die Sprache unseres Herzens ist direkt. Manchmal kommt sie leise und wird immer lauter. Manchmal wollen wir nicht hinhören. Manchmal hören wir weg. In einigen Momenten unseres Lebens wollen wir nicht mehr hören. Wir wollen nicht mehr sehen. Wir wollen nicht mehr erkennen. Und genau in diesen Momenten begegnen wir dem Schmerz. Wir begegnen dem wahrlich größten Potenzial, das wir als Mensch hier unten überhaupt haben. Wir begegnen den tiefsten Höhlen unserer verborgenen Kräfte. Wir fallen und fliegen gleichzeitig und dabei erkennen wir, dass wir Mensch sind, mit allem, was dazugehört.

DURCH DEN SCHMERZ HINDURCH

DAS VERBORGENE GESCHENK MEINER FEHLGEBURTEN

Ich musste (oder durfte) drei Kinder, drei wundervolle Seelen in der frühen Schwangerschaft gehen lassen. Dieser Schmerz war der tiefgehendste, den ich in meinem Frausein je erlebt habe. Tagelang war ich in diesem Schmerz gefangen, jeden Morgen weinte ich intensiv. So viel alter Schmerz verließ meine Gebärmutter, aber auch mein Energiefeld.

Auch uns Feinfühlige kann mal die Intuition verlassen und wir können falsch liegen. Wir haben ja bewusst die Erde gewählt, um zu lernen, dass wir nicht perfekt sind. Es war das Schwierigste für mich in diesem tiefgehenden Prozess: zu verstehen, dass auch mich mal die Intuition verlassen kann. Ich habe alle Seelen im Voraus gespürt, sie haben sich bei mir mit einem genauen Termin angekündigt. Bei der ersten wusste ich, dass es ein Mädchen war. Sie teilte mir sogar ihren Namen mit.

Sie kam dann auch wirklich genau am angekündigten Tag zu mir. Ich erinnere mich noch an diesen berührenden Moment, als ich mit meinem Mann in Hawaii am Strand lag und ihre Stimme hörte. »Ich bin jetzt da. Ich werde demnächst in deinem physischen Körper inkarnieren.« Ich wurde vorbereitet auf ihr Kommen, nicht jedoch auf ihr Gehen. Dieser Abgang war so schmerzhaft und hat mir gezeigt, dass wir alle in der Tiefe noch nicht wissen, wie man mit so schwierigen Erfahrungen umgehen kann, und dass man mit einer Frau sensibel sein muss, wenn es ums Thema Kinder geht.

Die Ärzte behandelten mich ohne Gefühl. Es war eine Massenabfertigung. Ohne dass ein Gedanke daran verschwendet wurde, welche Auswirkungen ihre Worte auf mich haben würden, ließen sie mich einfach wissen, das sei normal. Jede zweite Frau verliere mal ein Kind. Ein Arzt wollte mich nicht mal untersuchen. Er hat mich nur gefragt, ob ich schwanger sei und Blutungen habe. »Ja? Na, dann ist der Fall wohl klar, Sie verlieren gerade Ihr Kind.« Ein Schlag ins Gesicht. Ein Stich ins Herz.

Aus meinen Fehlgeburten habe ich gelernt, dass ich mich aufs Universum verlassen darf, auch wenn es mal schmerzhaft ist, denn genau in diesen Momenten begegnete ich neuen Potenzialen. Manchmal denken wir, das Universum sei unfair. Das Leben sei unfair. Wir seien die Einzigen, denen etwas immer und immer widerfährt. Ich habe gelernt, aus diesem Selbstmitleid auszusteigen und meinen Blickwinkel darauf zu richten, was ich aus einem schmerzhaften Erlebnis lernen darf. So vielen Menschen konnte ich noch tiefer meine Hände reichen, mein Herz öffnen, um sie auf ihrem herausfordernden Weg des Kinderkriegens zu begleiten. Niemals hätte ich sie so tief verstanden, hätte ich nicht selbst so viel Schmerz dabei erlebt.

Wir als Erdenengel dürfen vertrauen, dass wir oftmals Schmerz erleben, um darin eine neue Schönheit finden und ein noch größeres Wachstum erleben zu dürfen. Das Wachstum unseres Potenzials.

Aus diesem tiefen Urschmerz wurde ein neuer Firmenname für mich geboren. Angefangen habe ich wie bereits erwähnt mit »sensitive health«. Nach diesem Prozess habe ich gespürt, dass ich in der Arbeit mit Menschen noch tiefer gehen möchte. Ich erkannte, dass ich nicht Katja, die Heilerin, sein wollte, die Menschen behandelt und dann können sie aus meinem Raum gehen und weiterleben wie bis dahin. Nein, ich spürte, ich hatte eine tiefere Aufgabe: Ich möchte Menschen an den ureigenen Klang ihrer Seele erinnern. Ich möchte sie erinnern, dass sie ihre eigenen Heiler sind. Und so ging meine Reise noch tiefer!

LAMANDAS VOICE

Manchmal braucht unser Leben ein Rebranding. Eine Umstrukturierung, damit wir wieder auf Kurs kommen. So habe ich mich für mein Herz entschieden und nach vier Jahren Selbstständigkeit meinen Namen gewechselt. Das war keine leichte Sache, denn in der Ausbildung als Marketing-Kommunikationsplanerin habe ich gelernt, dass der Wechsel eines Namens gut überlegt sein soll und ein Rebranding nicht immer gut ist. Denn natürlich kann man dabei Kunden verlieren, die auf den alten Namen orientiert waren und mit dem neuen nicht mitgehen.

Doch mein Herz wollte weiter und gab mir das Gefühl, mit dem neuen Namen genau die Menschen anzuziehen, die meine Arbeit, die Botschaften, die Durchsagen wertschätzen und sich darin selbst erkennen können. Ich spürte tief in mir: Ich wollte nicht mehr die Katja sein, die in zwei, drei Sitzungen ein Thema eines Klienten transformiert. Nein, ich wollte die Katja sein, die Menschen an ihre ureigene Seelensignatur erinnert und ihnen hilft, den Grund ihres Daseins zu erkennen. Ich wollte sie dazu erwecken, ihren ureigenen Plan zu leben. Versteh mich nicht falsch, ich war nie nur Heilerin, ich ließ stets verschiedenste Facetten meines Seins einfließen. Doch die Tiefe in mir fehlte, das große Vertrauen in mich und meine wahren Gaben. Ich hatte noch nicht recht meinen Platz gefunden. So machte ich mich also auf, diesen Platz einzunehmen, und gab mir den gechannelten Namen Lamandas Voice, also Lamandas Stimme. Lamanda ist dabei mein Seelenname.

Mein geistiges Lichtteam teilt mir mit, dass hinter jedem Buchstaben eine Engelsgruppe steckt, die durch mich wirkt, singt und Botschaften sowie Energien übermittelt. Als der Name durch mich floss, fühlte ich die Stärke hinter jedem Buchstaben. Ich fühlte die Tiefe und die Weite und gleichzeitig kam natürlich auch die Angst vor dem Leben mit einem neuen Firmennamen. Verliere ich Kunden? Wie kommt der Name an? Mein Verstand redete mir diverse Dinge ein, warum und wieso ich nicht auf einen neuen Namen »switchen« sollte.

Mein Herz jedoch fühlte den Weg, die Freiheit dieses Namens. Er berührte mich so tief in meinem Inneren und machte mir gleichzeitig Angst. Angst vor meiner wahren Stärke? Angst vor dem, was dahinter ist?

So oft geht es uns Feinfühligen so, dass wir Angst haben, Angst vor unserer Größe, Angst vor dem eigenen Licht. Doch du darfst wissen, die Herkunft spricht, sie flüstert zu dir. Eine Eingebung kommt nie ohne Grund. Eine Eingebung ist ein Gefühl, das dich als Mensch führt.

Dein Gefühl ist das Echo deiner Seele.

Oft ist gerade das so schwer: dem Herzen mehr Aufmerksamkeit zu schenken als dem Verstand. Ich kann mich noch an diesen Moment erinnern, als ich Ja gesagt habe zu meinem neuen Namen »Lamandas Voice«. Es fühlte sich an wie eine Zeremonie, eine Einweihung, die ich von meinem geistigen Lichtteam erhielt. Ich schloss meine Augen und sprach die Worte: »Ja, ich nehme meine Aufgabe an.« Ich sprach sie so aus, als ob jede Zelle meines Seins darin involviert war. Die Worte ließen meinen ganzen Körper kribbeln und frieren. Mir flossen Tränen über die Wangen, denn kurz darauf sah ich Tausende, ja sogar Zehntausende von Engelswesen, die mich umgaben und als Chor für mich sangen.

Es war wie ein Wiedersehen. Ein Heimkommen. Ich weinte und ich fühlte die Sehnsucht. Die Sehnsucht nach meinem Zuhause. Und gleichzeitig fühlte ich die Aufgabe. Meine Aufgabe auf dieser Erde. Ich wusste, es war

Zeit, mit dem neuen Namen nach außen zu treten, obwohl mein Verstand mir das Gegenteil einreden wollte.

Ich wusste beim Empfangen des Namens schon, was dahintersteckt. Mir wurde die Bedeutung des Namens sofort erklärt und ich spürte seine Kraft. Gleichzeitig spürte ich, wie ein neues Feld aufging, und hatte aber im selben Moment auch wieder Angst, diese Stärke nach außen zu tragen. Man könnte ja denken, ich sei ein Guru.

Auch diese Worte haben mich immer wieder auf meinem Weg blockiert. Enthalten sie doch so viele alte kollektive Prägungen. Ich wusste, es war Zeit, sie abzulegen. Ich spürte, es war die Zeit gekommen, mich ganz an mein Seelenwissen zu erinnern und vollständig mein Gesicht, meine ganze Bandbreite zu zeigen. Nicht, um andere zu belehren. Nein, um mich in und mit der Urkraft zuzulassen und allen feinfühligen Seelen einen Weckruf zu schenken. Auch dir. Ihnen zu sagen, dass es Zeit ist, nach vorn zu treten und sich ihrerseits im Verbund mit den Urkräften zu zeigen.

An dieser Stelle weine ich vielleicht sogar mit dir. Ich weine aus Angst vor dem, was mich erwartet, wenn ich mich wahrhaftig in meiner vollsten Stärke zeige. Doch wie du schon weißt, ist die Angst mein Meister und ich vertraue der Angst, ich vertraue mir. So vertraue bitte auch du.

Ich begann, mich mit einem Logodesign für meinen neuen Namen auseinanderzusetzen, und fühlte, welch große Bedeutung Symbole und Namen beim Anziehen der richtigen Kunden spielen. Das Logo bestimmt die Ausstrahlung der Firma.

Als ich mein Logo von meiner Grafikerin erhielt und es das erste Mal sah, erkannte ich etwas. Ich erkannte, dass ich etwas Mystisches, Majestätisches in meiner Seele mittrage. Wieder war da ein Gefühl von Ankommen und tiefer Verbundenheit. Ich vertraute der Stimme meines Herzens und wusste: Es ist etwas Großes, das hinter diesem Namen steckt. Es geht um das Erwecken einer Menge. Das Erwecken eines Feldes. Das Erwecken einer Einheit.

Ich fühlte, es ist Zeit, die goldene Zeit. Und so ging meine Reise im Jahr 2019 noch tiefer. Kunden, die mich nun aufsuchten, waren nicht mehr wie Kunden, sie waren Seelenfreunde, Menschen, die ich auf der tiefsten Seelenebene kannte. Ich kann es nicht genau in Worte fassen, doch jeder Klient, der mich aufsucht, hat etwas Magisches in sich und erinnert auch mich selbst noch tiefer an meine Aufgabe. Es fühlt sich bei jedem Menschen wie ein Wiedersehen an. Eine Art Rückverbindung. Oft kommen Menschen mit ähnlichen Themen zu mir oder suchen mich auf, weil sie in sich spüren, dass ihre Seele sie ruft.

Mein Urgesang ist ein Ruf der Seele. Es ist eine tiefe Begegnung mit der Seelenweisheit und dem Herkunftsort eines Menschen.

Weißt du, manchmal können wir nicht verstehen, wir können nur fühlen und das Gefühl lässt uns wissen, dass da etwas Tieferes dahinter ist. An dieser Stelle kommt mir wieder dieser Moment in den Sinn, als mein Auto 180 Grad auf der Autobahn wendete und sich mein Steuerrad wie von magischer Hand selbst drehte. Nach dem Stopp des Autos musste ich mich zuerst fassen. Ich atmete ein paar Mal durch und die Frau, die ich überholt hatte, lächelte mich an, vermutlich aus Freude und Erleichterung, dass uns nichts geschehen war. Ihr Lächeln sehe ich noch heute. Es war wie nicht von dieser Welt. Es war wie eine Umarmung, ein Moment der Erkenntnis. Wir fuhren beide weiter und ich fühlte, das genau jener Moment mir etwas sagen wollte. Ich begann zu verstehen, dass alles in unserem Leben ein Ziel verfolgt. Ich begann zu verstehen, dass es Momente in unserem Leben gibt, die uns entgleiten, weil sie einen höheren Sinn haben, den wir erst im Nachhinein erkennen können. Ich begann noch tiefer zu verstehen, dass es nicht nur einen Schutzengel gibt, sondern auch ein Schutzteam, dass mich auf meinem Weg begleitet. Ich weinte und fühlte in diesem Moment meinen physischen und meinen feinstofflichen Körper, aber auch die Engel um mich ganz intensiv. Ich fühlte ihre Anwesenheit in meinem Auto, aber auch um mein Auto herum. Ich wusste: Sie haben gerade mein Auto gelenkt und wollten mir sagen, dass ich ihnen vertrauen kann. Sie wollten mich mit dieser Situation physisch erkennen lassen, dass ich in den Armen einer großen Führung bin. Bis zu diesem Zeitpunkt vertraute ich zwar auf mein Team, ich erkannte jedoch eines nicht: Unser Leben besteht nicht aus diesem einen Plan, den wir zu erfüllen haben, es besteht aus vielen verschiedenen Facetten, in denen wir uns immer wieder selbst erlauben dürfen, uns hinzugeben.

So begann ich wie erwähnt in jenem Moment zu erkennen, dass Hingabe eines der wichtigsten Instrumente auf meinem Weg zurück in meine Urkraft ist. Ich fühlte, dass Hingabe einer der Schlüssel ist, über die das geistige Lichtteam, aber auch die Quelle durch uns wirken kann.

Hingabe ist wohl eines der schwierigsten Gefühle, denn es erfordert blindes Vertrauen. Es erfordert Vertrauen, gerade in Zeiten, in denen wir denken, alles sei zu Ende.

Doch dieser Fast-Unfall ließ mich aufwachen. Er pushte mich und ließ mich wissen: Meine Führung weiß in jedem Moment genau, was zu tun ist. So sprach ich laut im Auto aus: »Ich vertraue euch. Ich vertraue euch, auch wenn ich nicht weiß, was vor mir liegt. Ich vertraue euch, im Wissen, dass ihr mehr seht als ich. So gebe ich mich euch hin.«

Ab diesem Moment begann ich zu dienen. Nicht in diesem Sinne, dass ich alles tue, was mir meine innere Stimme sagt, sondern Dienen in dem Sinne, dass ich über mein Wirken im Außen beginne, ein Feld zu öffnen, das noch viel größer ist als ich selbst.

DEN SCHLEIER LÜFTEN

Wir Menschen vergessen oft, dass Dienen nicht mit Geben und Nehmen zu tun hat, sondern eine Form der Kanalisierung von Energien der Quelle ist. Dienend etablieren wir die Pipeline, durch die wir die Quellenergie und damit auch unseren ureigenen Ausdruck fließen lassen können. Wenn wir zulassen, dass jeder von uns ein solcher Diener der Quelle oder der Erde ist, können wir es gemeinsam schaffen, den Schleier des Vergessens zu lüften. Wir inkarnieren auf dieser Erde mit einem Schleier, der uns umhüllt, mit einer Art Wolke, die sich erst auf unserem Weg langsam auflöst. Mit jedem Erkennen lüftet sich der Schleier mehr und mehr und wir können den Wundern unseres Daseins, unseres Wissens begegnen. So lass heute dein Wunder wieder zu. Das Wunder, genau so zu sein, wie du bist.

Ich glaube, es ist an der Zeit zuzulassen, welche Wunder du in dir trägst.

Deine Demut ist wertvoll. Dein Wesen ist strahlend. Und auch deine Bescheidenheit ist gut. Doch wofür bist du hier, wenn du dich noch länger verstecken möchtest? Wofür bist du hier, wenn du deine innere Kraft verschließen möchtest? Wofür bist du hier, wenn du dir selbst die Freiheit nimmst, so zu sein, wie du wirklich bist? Wofür bist du hier, wenn du dich selbst einschränkst?

Ist es nicht so, dass wahre Tiefe, wahre Schönheit dann geschieht, wenn du erkennst, dass du jetzt schon wundervoll und rein bist?

Viele Menschen sprechen auf dieser Erde von Selbstliebe. Weißt du, für mich ist Selbstliebe ein Modewort geworden. Jeder spricht darüber, schreibt darüber und plappert anderen nach. Entschuldige, an dieser Stelle möchte ich radikal ehrlich sein, das ist eben auch eine meiner Aufgaben. Ich bin nicht immer nur die nette Katja, sondern ich sehe mich auch als Kriegerin. Als Entfacherin der neuen Welt und dafür muss ich manchmal Pionierin sein und Dinge ansprechen, über die jahrelang geredet wird, ohne dass man sie hinterfragt.

So viele Menschen sagen: Du musst dich selbst lieben, dann kannst du deinen Weg des Herzens gehen. Für mich setzt diese Ansicht viele Menschen unter Druck. Man denkt, man muss die Selbstliebe täglich leben, um gut und wertvoll zu sein. Man denkt, dass Selbstliebe Beziehungen heilt, Potenziale entfacht und das Leben leichter macht. Fühle einmal für dich selbst in die folgenden Aussagen über die Selbstliebe hinein:

Selbstliebe geschieht bereits, wenn du als Wesen auf dieser Erde inkarnierst. Es ist ein Gefühl, das du schon von deiner Herkunft mitbringst. Und dieses Gefühl erfordert nicht, dass du es täglich lebst. Es erfordert nicht, dass du dich mit jeder Facette deines Seins von Anfang an annimmst. Es ist ein Weg. Es ist ein Weg des Erinnerns. Ein Weg des Erkennens und ein Weg deiner Entscheidungen.

In vielen Büchern oder Lehren steht, dass Selbstliebe eines der wichtigsten Ziele im Leben ist. Nun, wahrlich ist sie das, doch eben nicht so, dass du dich selbst mehr lieben sollst als andere. Selbstliebe oder besser gesagt Ursprungsliebe ist nichts, das es zu lernen gibt auf der Erde, vielmehr möchte die Selbstliebe dich erkennen lassen, dass dein innerster Kern mehr ist als Liebe. Selbstliebe muss deine Seele nicht lehren. Die Selbstliebe hat sie bereits in sich. Die Selbstliebe ist da. Sie ist präsent an jedem einzelnen Tag. Sie führt dich. Sie lässt dich erkennen. Die Selbstliebe ist seit deiner Geburt in dir. Sie beginnt mit dem Entstehen deines physischen Körpers und endet mit dem Tod deines Körpers.

Selbstliebe ist der Ausdruck deines Menschseins. Selbstliebe ist das Fundament, die Basis deines menschlichen Seins. Lieber Mensch, du bist unendliche Liebe. Entstanden durch das höchste Licht. Entstanden durch die höchste, göttliche Quelle. Es ist hier auf Erden deine Aufgabe, dich an diese unendliche Liebe zu erinnern. Dich zu erinnern, dass sie in dir ist.

Viele Jahre wurde uns die Selbstliebe gelehrt. Uns wurde gelehrt, dass wir uns jeden Tag mit ihr verbinden müssen und wir uns bedingungslos lieben müssen. Das erzeugt Druck. Es erzeugt den Druck, perfekt zu lieben. Dabei ist das nicht unsere Aufgabe. Unsere Aufgabe als Menschen ist es, uns getragen und umarmt zu fühlen von der göttlichen Quelle. Und das ist schlussendlich Hingabe.

Für mich bedeutet Selbstliebe die Hingabe an etwas Höheres. Die tiefe Liebe beginnt und endet in unserem Herzen. Fühle einmal hinein, was Selbstliebe für dich bedeutet. In den folgenden Zeilen gibt mein geistiges Lichtteam durch, was Selbstliebe für die geistige Welt bedeutet:

Selbstliebe

Wollt ihr Selbstliebe leben, so dürft ihr verstehen, dass Selbstliebe nicht ein »Ich liebe mich, so wie ich bin« ist. Sondern dass Selbstliebe die Liebe ist, die euer Selbst euch schon seit Anbeginn eurer Inkarnation mitgibt. Für euch gilt es also als Mensch nicht, euer Menschsein mit all seinen Fehlern zu akzeptieren. Das kann natürlich ein Teil davon sein, doch viel mehr wollen wir, dass ihr versteht, dass das Wort Selbstliebe zwei Teile in sich trägt. Einerseits das Selbst und andererseits die Liebe – und mit Liebe ist die Liebe eures höheren Selbst gemeint. Diese Liebe ist da. Sie fließt schon täglich bedingungslos durch eure Körper, sonst würde euer Herz nicht schlagen.

Bei der Selbstliebe geht es also viel mehr darum, sie als das zu erkennen, was sie ist. Die Liebe eures Ursprungs. Wir wollen euch einen Satz an die Hand geben, mit dem ihr in Kürze in die Schwingung der Selbstliebe finden könnt. Eine Affirmation für das Annehmen der Selbstliebe:

»Ich erkenne, dass ich ein spirituelles Wesen bin. Ein Wesen, dessen Ausdruck und Liebe aus der Quelle stammt. Ich erkenne, dass genau jene Quelle ungehindert durch mich fließt. In jedem Moment, in jeder Sekunde, in jeder Minute, in jeder Stunde, zu jedem einzelnen Zeitpunkt. Zweifle ich an diesem Fluss, so zweifle ich an meinem Leben. Heute lasse ich zu, dass ich lebe. Dass ich lebe im Fluss der Quelle. So sei es. Danke!«

Beginnst du, deiner Ursprungsquelle zu vertrauen und diese Affirmation immer mal wieder auszusprechen, richtet sich dein Energiesystem auf die Energie deiner Herkunft aus und kann dir somit helfen, dich selbst von Tag zu Tag immer tiefer zu leben und zu erkennen. So strahlst du ein neues Feld aus, damit auch die Menschen in deinem Umfeld erkennen können, wer du bist und wer sie in Wahrheit sind.

Oh ja, dein Leuchten mag erst einmal einige triggern. Doch in Wahrheit berührst du sie genau dort, wo sie alte Schmerzen versteckt, Türen verschlossen und Truhen versiegelt haben. Sei daher in dem Wissen, dass dein Dich-Zeigen das Sich-Zeigen der anderen anstößt. Und das ist Stärke. Es ist Stärke zuzulassen, anzunehmen und zu erkennen.

Gib niemals auf, wer du bist. Gib niemals auf! Auch in den tiefsten Gewässern deines Schmerzes. Gib nicht auf, geh weiter. Sei in dem Wissen, dass da gerade in dir und in deinem Außen ein neues Universum entsteht. Ein Universum, das noch viel größer und kraftvoller ist, als du jetzt denkst. Sieh nicht nur die ersten zehn Meter, die ersten Schritte. Schau weiter. Schau darüber hinaus.

Mein Vater hat mir einen wundervollen Satz mitgegeben, er sagte immer: »Katja, gang witer, lueg drüber hinweg, du bisch stärker!« Also: »Katja, geh weiter, schau darüber hinweg, du bist stärker!« Diese Worte begleiten mich in herausfordernden Momenten und lassen mich immer wieder dankbar dafür sein, dass ich so einen wundervollen Vater an meiner Seite habe, der mich auch gelehrt hat, die Natur zu ehren und wertzuschätzen. In meiner Kindheit verbrachten wir die gemeinsame Zeit oft in den Toggenburger Bergen. Ich weiß noch, wie oft ich ihn fragte: »Papi, wie lange müssen wir noch wandern?« Mein Vater schmunzelte stets und sagte: »Katja, genieß diese Wanderung und die Natur, die dich umgibt!« Heute weiß ich, was er damit meinte. Ich verstehe das Dahinter: Das Leben ist eine Wanderung. Wir sollten sie genießen. Danke, Papi. Ich liebe dich.

Auf der Wanderung unseres Lebens begegnen wir immer mal wieder auch schmerzhaften Momenten. Im nächsten Kapitel möchte ich dich daher in die Höhle deines Schmerzes begleiten. Ich möchte, dass du erkennst, dass da in der Tiefe deines Schmerzes ein Schatz für dich bereitliegt. Bist du bereit, mit mir in deinen Schmerz und darüber hinaus auch in deine Weisheit einzutauchen? Bereit, dir selbst neue Horizonte zu eröffnen, um deinem Potenzial zu begegnen?

DEIN SCHMERZ UND WARUM ER DEIN POTENZIAL IST

Schmerz ist niemals da, um uns zu zerstören. Schmerz ist da, um uns stark zu machen. Schmerz ist da, um die wahre Schöpferkraft in uns zu erwecken und aktiv werden zu lassen.

Vielleicht kannst du dich noch erinnern, wie du die Welt gesehen hast, als du ein Kind warst. Wie war das Leben damals für dich? Wie hat die Welt durch deine Kinderaugen geleuchtet oder eben nicht geleuchtet? Ich glaube, dass dich genau das, was du bislang alles erlebt hast, als Mensch ausmacht. Ich weiß nicht, durch welchen Schmerz du bereits gegangen bist. Eines weiß und spüre ich jedoch ganz tief in mir: Du hast immer wieder die Kraft gefunden, aufzustehen und neu zu beginnen. Neu Schöpferin oder Schöpfer deines Lebens zu sein.

Es gibt Momente in unserem Leben als Feinfühlige, in denen wir uns einsam fühlen. Nicht unbedingt, weil uns unser Umfeld nicht versteht, sondern weil wir auch nicht so recht zulassen, wir selbst zu sein. Weil wir unser

Licht unterdrücken, obwohl wir auf Seelenebene eigentlich wissen, dass es nichts Lichtvolleres und Größeres gibt, als wenn wir uns selbst in unserer wahrsten Schöpferkraft zeigen.
In diesem Kapitel möchte ich dich einladen, den größten Schmerz in deinem Leben zu umarmen. Ich möchte dich inspirieren, den größten Schmerz in wahre Kraft, in deine Ursprungskraft zu verwandeln.

Ich möchte, dass du erkennst, dass sich hinter deinem Schmerz deine wahre Schönheit verbirgt.

Ich möchte, dass du erkennst, dass Schmerz dein Meister ist. Dass du erkennst, dass die größten Tiefen in deinem Leben deine größten Schätze bergen. Ich möchte, dass du erkennst, dass du unendlich stark bist.
Vielleicht magst du nun mit mir gemeinsam an die Stellen in deinem Leben reisen, wo du den Schmerz in jeder Zelle deines Seins gespürt hast. Spürst du, dass ich dich mit meinem Gesang und meinem geistigen Lichtteam in diesem Moment umarme? Wir sind verbunden. Wir alle sind es. Wir haben es nur vergessen.
Bitte leg das Buch mal für einen Moment zur Seite. Schließ deine Augen. Atme tief ein und aus und versuche, dich mit den Momenten, in denen du Schmerz empfunden hast, zu verbinden. Spürst du sie? Erlebst du sie neu? Dies ist kein Experiment. Du darfst wissen, dass du es bist, der all die Kraft hat, diesen Schmerz nun Schritt für Schritt mit der göttlichen Quelle zu transformieren.
Ich möchte, dass du verstehst, dass du schöpferisch bist. Ich möchte, dass du verstehst, dass dein menschliches Sein deine Hülle ist. In jedem Moment trägst du die Pionierkraft in dir, deinen Schmerz zu umarmen.

Atme. Bitte atme. Schenk dir den tiefsten Atemzug, den du jemals in deinem Leben getan hast. Fühle, bitte fühle, wie unendlich weit dein Herz ist, auch wenn es jetzt vielleicht noch zumacht, eng ist. Atme einfach weiter. Schenk deinem Herzen diesen innigen Moment des Ankommens. Schenk deinem Herzen diesen tiefen Moment deiner kraftvollen Aufmerksamkeit. Und weine. Ja, weine, wenn dir zum Weinen zumute ist, und lass los, denn jede Träne ist eine Perle deiner Weisheit.

Viele Menschen schließen den Schmerz und die damit verbundenen Emotionen aus. Sie wollen den Schmerz nicht fühlen. Sie haben Angst. Auch ich hatte das immer. Und oft habe ich es heute noch. Doch wahrlich weiß

ich, wie auch du, dass Schmerz dieser Lehrmeister ist, der alte Hüllen von uns nimmt und damit Raum für etwas Neues schafft.
So bitte ich dich in diesem Moment, dir vorzustellen, wie wir gemeinsam auf einem hohen Berg stehen, wo wir den Horizont, die Weite, die strahlende Abendsonne vor uns sehen. Es liegt eine wundersame, friedliche Stimmung in der Luft. Eine sanfte Brise weht. Du stehst mit mir gemeinsam, fest verbunden mit der Natur, barfuß mit dem Boden verbunden, auf diesem Berg.
Wir weinen gemeinsam. Still und doch laut. So wie du es gerade brauchst. Ich bin da. Ich bin einfach da. Und auch du bist präsent. Präsent bei dir und deinem Schmerz. Ich singe für dich. Schließ noch einmal deine Augen und fühle, wie ich dich mit meinem Gesang umarme. Fühle die geborgene, liebevolle Schwingung, die zu dir fließt. Fühle, wie eine wohlige, schützende Schwingung deinen physischen Körper umarmt. Und weine, lache, was du eben gerade brauchst.

Alles ist gut. Du bist richtig. Du bist wundervoll. Du bist kraftvoll.

An dieser Stelle möchte ich nochmals zurückkehren zu meinem größten Schmerz, um deinen größten Schmerz zu umarmen. Ich möchte, dass du verstehst, dass manchmal in unserem Leben ein Schmerz, der unser menschliches Sein prägt, auch ein kollektives Feld heilen kann.
Es gab eine Zeit in meinem Leben, in der ich mir selbst viel Druck machte, Mutter zu werden. Ich fühlte das Muttersein so tief in mir! Ich fühlte es in jeder Zelle meines Seins. Ich wollte diese mütterliche Kraft weitergeben. Ich wollte sie endlich meinen Kindern, meinem Mann und der ganzen Welt schenken dürfen.

Und da war dieser Moment, als ich das erste Mal schwanger wurde. Ich fühlte tiefstes Glück. Ich fühlte mich verbunden. Ich fühlte mich so, als ob ich alles erreichen könnte. In mir war ein Kind, ein Embryo, der wuchs. Wow, ich konnte es kaum glauben! Ich fühlte grenzenlose Freiheit. Ich war unendlich dankbar. Mir ging es so gut wie noch nie. Mein Körper schien von einem Tag auf den anderen extrem stark. Extrem verbunden, geerdet und unendlich kraftvoll. Ich fühlte mich als Teil von allem. Als Teil vom großen Ganzen.

Und so ging es einige Wochen weiter, bis ich in die achte Woche der Schwangerschaft kam. Ich war gerade dabei, mit meiner Schwiegermutter Brot zu backen, da fühlte ich, dass meine Hose nass war. Ich fühle diesen Moment heute noch so wie damals.

Ich wusste, es war Blut. Es kam immer mehr Blut und ich wollte nicht auf die Toilette. Ich wollte es nicht wahrhaben. Ich wollte es nicht sehen. Ich wollte nicht erkennen. Ich hatte Angst. Die Zeit stand still. Alles war mir auf einmal egal. Ich war mitten in einem tiefen Schmerz. Alles lief wie in Zeitlupe ab. Ich rief im Spital an. Ging in die Notaufnahme. Man behandelte mich wie ein Stück Fleisch. Der Arzt sah mich an und sagte ohne Emotion: »Sie sind schwanger. Sie haben Blutungen. Ja, dann verlieren Sie gerade Ihr Kind.«

Und da war sie, diese tiefe Schwere in meinem Herzen. Mein Körper fühlte sich wie gelähmt. Ich wollte nicht mehr. Ich weinte, weder mein Mann noch meine Schwiegermutter konnte mich beruhigen. Ich weinte einfach. Es musste raus.

Ein Krankenpfleger versuchte mich zu beruhigen, es würde ein andermal wieder klappen, doch ich wollte nicht wahrhaben. Ich hasste mein Menschsein. Und ich fiel. Ich befand mich im freien Fall. Ich fiel ganz tief und da kam er: mein größter Schmerz. Er zeigte sich, öffnete sich in mir und offenbarte mir eine intensive Zeit der Reinigung.

Ich hasste es in der Folgezeit, Frauen mit Babybäuchen zu sehen. Es tat mir weh, wenn Frauen um mich herum schwanger wurden. Ich hasste es, ein herzliches Kinderlachen zu hören. Ich hasste es, die Energie der Familienliebe zu fühlen. Überall begegnete er mir, Herr Schmerz, denn überall waren Familien. Verdammt, ich konnte nicht ausweichen.

Oh, und wie ich mein geistiges Lichtteam beschimpfte. Ich fluchte so viel wie noch nie in meinem Leben. Ich wollte nicht mehr in die Verbindung mit meinen Engeln. Ich hasste auch sie.

Irgendwann kam der Moment, als ich annahm. Ich zog mich zurück. Ich versuchte zu verstehen. Und dann wurde ich nochmals schwanger, doch diese Schwangerschaft war nicht schön, sie war für mich noch schmerzhafter als die erste Erfahrung, der Abgang des Kindes.

Ich fühlte mich jeden Tag so, als ob ich tiefe Schichten meines Schmerzes loslassen und noch tieferen Schmerz an die Oberfläche bringen würde. Es war so intensiv, zwölf Wochen badete ich im Schmerz und insgeheim wünschte ich mir, das muss ich mir eingestehen, dass ich das Kind verliere. Ich fühlte, ich war noch nicht wieder bereit zu empfangen. Und so war es auch. Am Ende der zwölften Woche verlor ich das zweite Kind.

Dieses Mal war da einfach Leere. Auch hier erinnere ich mich noch genau an den Moment. Es war abends um neun, das Blut floss aus mir heraus wie ein Wasserfall. Ich konnte nur noch über der Toilette bleiben. Mein Mann wollte bei mir sein, doch ich musste da als Frau selbst durch. Ich war also allein auf der Toilette, weinte und ließ diesen verdammten Schmerz aus mir raus. Ich wollte am liebsten laut schreien, so weh tat es. Mein physischer Körper schmerzte, mein emotionaler Körper bebte und meine Seele war ganz präsent. Auch mein geistiges Lichtteam war ganz nah. Man gab mir Anweisungen, wie ich durch diesen Schmerz hindurchgehen könnte. Ich nahm in diesem Moment einen weltlichen Schmerz des Frauseins wahr. Ein riesiges, globales Feld öffnete sich. Ich wusste und fühlte: Was hier gerade in und mit mir abging, war Heilung. Heilung für die Erde. Heilung für das menschliche Frausein.

Ich versuchte, präsent zu sein, während das Blut aus mir herausfloss und wehenartige Wellen durch mich strömten. Ich versuchte, zu atmen und das globale Feld wahrzunehmen. Mein geistiges Lichtteam redete mit mir. Es war eine sehr tiefe und zugleich unheimlich schmerzvolle Erfahrung, jedoch auch ein magischer Moment, als der Embryo, ganz klein, mit viel Blut aus mir »rausplumpste«.

Der größte Schmerz war vorüber. Und ich war in diesem Moment irgendwie frei. Der Schmerz war präsent, doch die Freiheit überwog. Ein ganz spezieller Moment.

Ich lade dich ein, an dieser Stelle einmal tief auszuatmen und dir dann mit dem Einatmen zu erlauben, deinen Schmerz zu fühlen. Umarme weinend deinen Schmerz und sei in dem Wissen: Auch wenn dir gerade Tränen über das Gesicht laufen, die Quelle ist da und umarmt dich. Du bist Mensch und das ist gut so. Du bist Mensch und der Schmerz ist da.

Ich weiß nicht, wie tief dein Schmerz ist. Doch ich weiß, dass in diesem Moment etwas heilen kann – wenn wir den tiefsten Schmerz annehmen, ihm weinend, voller Hingabe, voller Präsenz begegnen. Und diese Heilung soll nun in dir geschehen.

Heilung

Möge die Heilung nun fließen, in jede Zelle deines Seins. Möge die Heilung nun fließen, an alle Stellen, in denen der Schmerz dein Potenzial verdeckt. Möge die Heilung nun fließen, damit du erkennen kannst, wie die Schönheit dich führen kann. Die Schönheit der Erkenntnis. Die Schönheit des Wachstums. Du gedeihst, du wächst, du erwachst, wie ein Embryo, der schlüpft und frei und leicht auf die Erde kommt. So sei es, danke.

WARUM ES ZEIT IST, UNS NACKT ZU ZEIGEN

Wenn wir beginnen, im Bewusstsein unserer wahren seelischen Herkunft von uns zu sprechen, sind wir eine Einheit. Wir fühlen uns verbunden. In diesem Bewusstsein sind wir alle eins und können andere erinnern. Wir haben keine Masken auf. Wir sind nackt. Wir sind so, wie wir in diese Welt gekommen sind.

Man hat uns geliebt. Man hat uns angenommen. Man hat zugelassen, dass wir ein Wunder sind. Ich spüre, du hast vielleicht manchmal den Glauben an Wunder verloren, weil sie für dich etwas absolut Außergewöhnliches sind. Doch Wunder geschehen jeden Tag. Wunder sind unter uns. Du bist eins. Ich bin eins. Wir alle sind eins.

Ich möchte dich ermutigen, dich auf den Weg des seelischen und emotionalen Nacktseins zu begeben. Zeig deine innere Welt. Offenbare deine

tiefsten Ängste. Gib anderen Einblick in deine schwersten Zeiten. In den Schmerz, der dich wachsen ließ. In das, was du als Mensch bist. Auf diesem Weg werden sich Menschen mit dir verbinden. Sie werden dich für dein Nacktsein lieben, denn sie können sich selbst darin erkennen.
Beginnst du aus der Tiefe deines Schmerzes zu sprechen, beginnst du zu heilen.

Du beginnst, das Schmerzende in dir zu umarmen, und damit umarmst du auch das Schmerzende in deinem Gegenüber.

Wie bereits erwähnt habe ich schon als Kind nicht verstanden, warum Menschen nicht offen über ihren Schmerz und das, was sie belastet, sprechen. Warum man schmerzhafte Erlebnisse nicht teilt und nur die positiven offenbart. Ich habe nie verstanden, warum man Dinge zurückhält, sogar vor seinen wichtigsten Menschen, nur aus der Angst heraus, was sie darüber denken könnten. Dabei könnten wir uns gerade im Schmerz gegenseitig stützen und uns helfen.
Ich war manchmal radikal. Ich war stur. Nun ja, ich bin es heute noch, meint mein Mann. Stur in dem Sinne, dass ich niemals aufgebe, dieser Welt zu mehr Leichtigkeit verhelfen zu wollen. Zu mehr Echtheit. Auf Social Media teile ich auch tiefen Schmerz und lasse meine Follower an meinem Leben und meinen Wahrnehmungen teilhaben. Auch in meinem Podcast spreche ich stets aus der Tiefe meines Schmerzes. Das hat mich anfangs enorm viel Mut gekostet, doch ich habe schnell erkannt, dass genau dies mein Talent ist. Es ist meine Art, meine Gabe mit der Welt zu teilen. So fühle ich nach jeder Podcastfolge und nach jedem Teilen meines Schmerzes mit der Öffentlichkeit, wie mein eigener Schmerz sich langsam beginnt

aufzulösen. Er verwandelt sich in Tausende Partikel von Liebe und kann damit Tausende andere feinfühlige Menschen erreichen und berühren.
Und genau das kannst auch du. Auch du hast die Gabe, aus deinem Schmerz heraus Menschen zu berühren, deine Energiefelder zu heilen und ihre zur Heilung anzuregen.

Wenn wir beginnen, aus der Tiefe unseres Schmerzes zu sprechen, reinigen wir unsere und die Energiefelder der anderen. Damit öffnen wir neue Felder. Felder des Bewusstseins für das neue Zeitalter.

Wie sagt man so schön: Mit Mut beginnen die schönsten Geschichten. Wirklich, das ist so. Mach einfach einen ersten Schritt und versuche, dich aus deinem Schmerz heraus auszudrücken. Oft ist es doch so: Wenn wir uns öffnen, kann sich unser Gegenüber auch öffnen. Es fehlt ihm nur an ein wenig Geborgenheit. Und irgendwer muss den Anfang machen.
Wenn du dich ausdrückst, bringst du etwas ins Rollen. Manche Menschen werden dich dafür lieben, andere werden dich hassen, obwohl sie dich im tiefsten Inneren eigentlich ebenfalls lieben. Doch mit deiner Offenheit erinnerst du sie an ihren Ausdruck, den sie vielleicht jahrelang unterdrückt haben. Und damit stichst du natürlich in ihre Wunden.
Sei in dem Wissen, dass gerade das Stochern in den Wunden und die daraufhin mögliche Heilung eine Aufgabe ist, die nicht von heute auf morgen erledigt werden kann. Denk in solchen Momenten an eine Quelle, die beginnt, durch dich zu fließen. Fühlst du, dass andere sich durch dein Sein getriggert fühlen oder neidisch auf dich sind, dann sende ihnen in voller Demut deine tiefe Liebe zu und stell dir vor, wie reines Quellwasser durch dich und dann zu ihnen fließt, damit auch sie die Quellenergie wieder ak-

tivieren können, die in ihnen schlummert. Die Quellenergie ist der Lebensfluss der Menschen.

Wenn wir uns in unseren Emotionen nackt zeigen, aktivieren wir unseren Quellfluss und den unseres Umfeldes. Bewusst oder unbewusst, doch wir bewegen. Du bewegst in jedem Moment. Du hast immer bewegt, denn dafür bist du hier. Du bist hier, um deinen Pionieranteil zu leben. Du bist hier, um wertvolles Wissen mit dieser Erde zu teilen. Du bist hier mit all deiner Liebe, die dein Wesen ausstrahlt.

~ **Du bist unendlich groß. Bitte versprich mir, dass du dich annimmst. Mit sämtlichen Teilen, die du als Wesen hier ausdrücken möchtest. Lass nicht zu, dass du irgendetwas von dir ausschließt.**

Ich brauche dich. Wir brauchen dich. In diesem Moment stehe ich mit dir auf einer großen Klippe. Wir sehen den Horizont und ich singe für dich. Schließ jetzt deine Augen und versuche, dich an meine Gesänge zu erinnern. Versuche, dich an die Melodie deines Herzens zu erinnern. Denn in dir tief verborgen schwingt deine Melodie. Es wird Zeit, dass du sie hörst. Dass du sie lebst.

Vermutlich schenken dir diese Zeilen ein tiefes inneres Ankommen. Willkommen zurück, du wundervolle Seele! Willkommen zurück in der Einheit! Bitte geh immer weiter. Einfach Schritt für Schritt. Ich bin mir sicher, du findest in herausfordernden Momenten den Pionieranteil in dir, der dir ermöglicht, immer weiter voranzuschreiten, auch wenn deine Ängste und dein Verstand lauter schreien als dein Herz. Niemand kann dir sagen, welcher Weg gut für dich ist. Mir hat mein geistiges Lichtteam einmal eine ganz wichtige Botschaft mitgegeben, die ich hier mit dir teilen möchte:

Wege

Es gibt keine falschen Wege, es gibt auch keine falschen Entscheidungen. Die Essenz hinter jedem Weg ist dieselbe. Zerbrecht euch deshalb nicht so sehr den Kopf, was wichtiger oder besser für euch ist. Ans Ziel werdet ihr sowieso kommen. Manchmal mit Umwegen, manchmal ohne. Doch erkennen könnt ihr auf allen Wegen und es ist auch keiner besser oder schlechter. Sie alle haben ihre Berechtigung und offenbaren euch eine wertvolle Erkenntnis. Wenn ihr das versteht, versteht ihr das Leben. Dann wisst ihr, dass ihr hier seid, um euch vom Fluss des Lebens tragen zu lassen, und nicht, um nach Perfektion zu streben.

Da wo wir beginnen, unsere Ängste zuzulassen, da begegnen wir den Meistern in unserem Leben. Der Meisterkraft, die uns als Menschen führt. Doch leider wurde genau das, was uns eigentlich in die Meisterkraft bringt, lange Zeit verscheucht, verleugnet und weggestoßen. Lass uns gemeinsam deinem Meister »Angst« begegnen und deine Würde zurückholen.

ANGST IST UNSER MEISTER

Angst ist seit meiner Kindheit meine tägliche Begleiterin. Gerade wir Feinfühligen sind noch tiefer mit Urängsten verbunden. Doch Angst ist für mich immer eine Freundin. Angst zeigt mir nämlich meine wahre Stärke. Sie lässt mich wachsen und bringt mich auf den richtigen Weg. Ich hätte niemals in meinem Leben geglaubt, dass ich einmal vor Menschen stehen werde, meinen Gesang fließen lasse und heilsame Botschaften übergebe. Früher konnte ich nur mit einem hochroten Kopf vor Menschen stehen und wäre am liebsten im Erdboden versunken. In der Schule kannte man mich oft als »die mit dem roten Köpfchen«.

Ich war nicht besonders selbstbewusst und ein sehr ängstlicher Mensch. Mag sein, dass viele Feinfühlige ängstlich geboren werden, damit wir unseren Herzensweg schneller und energischer gehen können. Denn die Angst ist unser kraftvollstes Tool, um unser Licht zu leben. Wir wurden geboren, mutig zu sein. Wir wurden geboren, Pioniere zu sein und Neues zu wagen. Menschen aufzuwecken und das Universum mit Stärke zu erfüllen.

Es geht nicht um unser Ego, nein, es geht um die Tiefe unserer Herzen. Wir wurden geboren, um in Demut und Dankbarkeit unsere Gabe zu leben. Warum also sollen wir unsere Gabe unterdrücken, nur um schlussendlich uns selbst wehzutun? Nur um uns vor uns selbst zu verschließen?

Wisse, dass du die Kraft hast, die Reinheit und die Strahlkraft deines Seins zu erwecken. Lass dich jetzt und hier mit den Worten erinnern:

»Nomantschai sai-soie dam.«

Es sind Worte in der Lichtsprache, die deine Seele erreichen und dir sagen dürfen: Deine Zeit ist gekommen. Deine Zeit ist gekommen, dein Meistersein, dein Meisterwissen zu leben.

DU BIST MEISTERIN. DU BIST MEISTER

Ich sage dir nicht, wie dein Weg sein wird, und ich sage dir auch nicht, was du tun sollst, um dich selbst zu leben. Ich erinnere dich lediglich, dass du eine Meisterin, ein Meister bist. Und du als Meisterin, als Meister kennst deine Weisheit und kannst deinen Weg gehen. Du wirst auf allen Ebenen deines Seins gebraucht. Du wirst gebraucht, auch wenn du dich noch klein und vielleicht unwürdig fühlst. Auf Seelenebene bist du so viel größer. Auf Seelenebene hast du die Kraft, ein ganzes Universum zu durchleuchten und in deine Arme zu schließen. Lass uns also zunächst damit beginnen, dein inneres Universum zu heilen. Ich möchte, dass du verstehst, dass du deine Heilerin, dein Heiler bist. In jedem Moment. In jeder Situation.

Die folgende Übung war für mich auf meinem Weg sehr entscheidend. Denn mir wurde damit bewusst, dass ich es bin, die mich ausbremst. Dass ich es in Wahrheit bin, die mir mein Strahlen nimmt.

Ich habe bei dieser Übung immer eine weiße Kerze angezündet. Du wirst bei diesem kleinen Ritual spüren, dass du alten Schmerz loslassen kannst. Es ist okay, wenn sich die Sätze anfangs noch komisch und falsch anhören. Das ist dein Ego, das du umarmen darfst, bis du in die Tiefe deines Herzens findest. Dort wirst du ankommen und es wird ganz normal sein, denn da warst und bist du immer okay, so wie du bist.

Ich wünsche dir bei dieser Übung viel Transformation und Durchhaltewillen. Nachher wirst du spüren, dass die Selbstliebe oder eben die beschriebene Ursprungsliebe in dir beginnt zu arbeiten. Diese Ursprungsliebe ist dein wichtigstes Instrument auf dem Weg, deine Talente und Gaben zu entdecken. Die Ursprungsliebe wird dich zurückführen in deine ureigene Würde. Die Würde, dass du das, was du als Wesen empfangen hast, in diese Welt mitbringen und mit ihr teilen darfst.

Was denkst du über dich?

Nimm dir ein weißes Blatt Papier und schreib dir einmal auf, was du über dich und deine Fähigkeiten denkst. Was denkst du über dich selbst? Schreibe dir mindestens acht Stichworte oder Sätze auf. Sind diese nicht positiv, so wandle sie in die Gegenwartsform und ins Positive um. Wenn du beispielsweise geschrieben hast: »Ich habe Angst, nach außen zu treten und mein Licht zu leben«, schreibst du den Satz um in »Ich habe das Recht, mein Licht nach außen zu tragen, und dies in meiner vollsten und einzigartigsten Schöpferkraft, denn ich bin Licht und Liebe.« Oder: »Ich bin kraftvoller, als ich denke, wenn ich mein Licht voll und ganz nach außen trage.«

Die neuen Sätze wiederholst du während der nächsten elf Tage dreimal vor dem Schlafengehen und bittest dein geistiges Lichtteam, das Universum, die Engel oder an wen auch immer du glaubst um Unterstützung dabei, auf die nächste Ebene zu gelangen. Ich empfehle dir, die Sätze laut zu sprechen und in dich hineinzufühlen, so als ob jede Zelle deine Worte hört und mit ihnen schwingt.

DIE WÜRDE, DIE VERGESSEN WURDE

Es gibt eine Würde, die wir uns zum Wohle aller wieder erlauben dürfen. Ich bitte dich, den folgenden Text weder zu bewerten noch mit dem Verstand zu analysieren. Versuche einfach, die Zeilen und das Dahinter mit dem Herzen zu fühlen. Die Botschaft kam von meinem geistigen Lichtteam, kurz nach der Geburt meines Sohnes. Denn ja, mittlerweile bin ich Mama. »Gott« kann auch als »das Universum« oder einfach »das Höhere« verstanden werden. Jeder Mensch hat auf der Erde die Freiheit, das Höhere so zu nennen, wie er möchte.

Die Würde eurer Wesen

Die Würde eurer Wesen darf zurückkehren. Zurückkehren in ihrer kraftvollen und reinen Ursprungsform. Über Jahre hinweg wurde euch gelehrt, sei es in Religionen oder Schriften, dass ihr getrennt seid. Getrennt von einer höheren Macht, die euch führt und leitet. Dabei war es immer pure Liebe, göttliche Liebe, die wir euch offenbaren wollten. Das Zusammensein und das gemeinsame Wirken. Es war und ist noch immer der freie Wille jedes Menschenwesens, in die eigene Würde einzutauchen und sie sich zu erlauben.

Ihr dürft euch erlauben, dem Göttlichen zu dienen und dabei auch noch Mensch zu sein. Auf der Erde soll es nicht um Müssen, Sollen und Tun gehen. Nein, nicht mehr länger. Wir wünschen uns so sehr aus unseren Ebenen, dass jeder Mensch wieder seine einzigartige Würde empfängt. Die göttliche Würde. Die Würde, die Gott euch einst in Form seiner Segnung und seiner Ursprungskraft übergeben hat. Die Würde, ein Teil von ihm zu sein. Die Würde, seine Kraft durch euch fließen zu lassen und damit euch selbst und eurem Gegenüber zu helfen. Jeder von euch ist ein göttlicher Ausdruck. Ein Abdruck Gottes. Doch ist es euer freier Wille, der euch entscheiden lässt, ob ihr dieses Geschenk annehmen wollt oder schlafend im Opfermodus bleibt. In dem Modus, in dem ihr glaubt, ihr seid abgeschnitten und euch steht es nicht zu, göttliche Kraft durch euch fließen zu lassen. Gott, das Göttliche hat diese Erde erschaffen, damit ihr alle gemeinsam die Schönheit eurer Wesen entdeckt. Das Göttliche würde niemals richten, denn es ist reine, pure Liebe, wie ein reiner Bergbach, der aus der Natur, in der Natur und zurück zur Natur fließt.

Versteht ihr? Es ist euer Geburtsrecht, das Göttliche in euch anzunehmen und damit auf eure einzigartige Weise zu dienen. Jeder von euch trägt einen einzigartigen Schatz in sich, einen Schatz Gottes. Beginnt ihr, diesen wertvollen Teil wieder zuzulassen, kann euer Wesen sich erkennen und gleichzeitig könnt ihr andere Menschen an ihre Göttlichkeit erinnern. So wirkt Gott durch jeden von uns und mit ihm. Wenn die Welt, die Erde, die Menschen das wieder erkennen und tief in sich Ja zu ihrer einzigartigen Göttlichkeit sagen, kann so vieles auf dieser Erde in die Ursprungskraft zurückfließen und daraus Neues gebären, das die Natur und alle Lebewesen nährt.

So darfst du, wenn du möchtest, deine Augen schließen und mit deiner Aufmerksamkeit in dein Herz wandern. Versuche, dir dein Herz ausgefüllt von einem goldenen Licht vorzustellen. Vergrößere dieses Licht dann, sodass es in die Welt hinausstrahlt. Sobald du fühlst, dass dein Licht groß genug ist, sprichst du dreimal laut den folgenden Satz aus: »Ich erlaube mir, meine ureigene Würde zuzulassen. Die Würde, die der Welt und mir dient. So sei es. Danke.«

Fühle, was in dir geschieht. Vielleicht fließen Tränen. Tränen der Erlösung und des Empfangens deiner ureigenen Kraft. Du bist ihrer würdig!

DIE HERZFREQUENZ UND IHRE WICHTIGKEIT

Die Herzfrequenz von uns Menschen wird in der kommenden neuen Zeit immer bedeutsamer. Darum habe ich mit meinem geistigen Lichtteam über die Mysterien des Herzens gesprochen und möchte dich daran teilhaben lassen.

Zur Herzfrequenz

Katja: *Meine Lieben, darf ich euch bitten zu erläutern, was die Herzfrequenz im menschlichen Sein beinhaltet und wie sie noch tiefer gelebt werden kann?*

Geistiges Lichtteam: *Nun, wahrlich ist dies eine sehr interessante Frage für eure Spezies. Wahrlich ist dies eine Frage, die vielen von euch, die gerade dieses Buch lesen, neue Türen öffnen kann. Türen, hinter denen sie erkennen können, was das menschliche Leben ausmacht und wie das Erwachen des menschlichen Seins in der Zukunft beschleunigt werden kann. Nun, in diesen Zeiten des Erwachens erhöht sich die Herzfrequenz vieler Menschen um das Tausendfache oder noch mehr. Natürlich sprechen wir dabei nicht von eurem Puls, eurem physischen Herzschlag. Nein, die Herzfrequenz ist eine Schwingung, die Schwingung des energetischen Herzens in eurem System. Diese Schwingung des Herzens passt sich laufend an. Je tiefer ein Mensch, eine Seele auf Erden erwacht, desto höher und aktiver ist die Herzfrequenz. Sie verändert sich durch Prozesse, die ihr in eurem menschlichen Sein durchlauft. Das heißt, die Herzfrequenz ist in ihrer Einheit wie ein vollständiges Wesen, das sich stetig erweitern und wandeln kann.*
Über die Herzfrequenz strahlt ihr in euer Umfeld aus. Über die Herzfrequenz zieht ihr Dinge, Situationen und Menschen in euer Leben, die auf derselben Ebene schwingen wie ihr.

Katja: *Ja, ich verstehe. Das Gesetz der Anziehung, das hier wirkt, oder?*

Geistiges Lichtteam: *Ja, so ist es. Das Gesetz der Anziehung ist wesentlich und wird in den nächsten Jahren auf der Erde noch viel größere Wellen schlagen.*

Katja: *Was meint ihr damit genau?*

Geistiges Lichtteam: *Nun, bis jetzt wirkte auf euren Bewusstseinsebenen das Gesetz der Anziehung als eine Art Magnetfeld. In den nächsten Jahren wird es sich aber um das Vielfache vergrößern und das heißt: Die Anziehung wird dann viel schneller gehen. Das merken viele von euch schon jetzt. Ihr denkt etwas – und die Umsetzung folgt umgehend. Katja, das ist ja das, was du gerade mit deinem Buch erlebst, Smile.*

Katja: *Oh ja, meine Lieben. Das ist gewaltig, was hier durch mich und für mich wirkt. Ich spüre förmlich, wie ich durch euch geführt werde und ihr mir die Wege freischaufelt, das Buch genauso nach außen tragen zu können, wie ich es hier schreibe. Dafür möchte ich euch von Herzen danken.*

Geistiges Lichtteam: *Oh, wir danken dir. Du weißt noch gar nicht, welche Wellen das Buch schlagen wird. Schnall dich also an.*

Katja: *Haha, ihr seid gut. Kommen wir zum Thema zurück. Gibt es zukünftig eine schnelle Methode, wie wir Menschen materialisieren und also auch unsere Träume, unsere Visionen verwirklichen können?*

Geistiges Lichtteam: *Dazu können wir euch drei Dinge durchgeben. Was ihr daraus macht, ist jedem Einzelnen von euch überlassen. Schaut, auf euren Ebenen habt ihr drei Instrumente, wie ihr Materie erschaffen könnt. Auf unseren Ebenen*

sind es natürlich noch viel mehr. Das würdet ihr jedoch mit eurem menschlichen Verstand nicht verstehen. Nun, das erste Instrument ist euer Gedanke. Ein Gedanke ist auch eine Schwingung. Es ist ein Bild, das in eurem Geist erzeugt und durch euren Geist geformt wird.
Das zweite Instrument ist das Gefühl, das ihr zu einer Situation habt. Ihr fühlt beispielsweise, dass ihr etwas nicht erreichen könnt – doch dahinter liegt oft ein Glaubensmuster, das es gilt anzuschauen und so zu transformieren, dass ihr euch ein wundervolles Gefühl zu euren Wünschen und Träumen erlaubt.
Das dritte Instrument ist der Wille. Der Glaube, dass das, was ihr euch wünscht, eintreten wird. Hier gilt es für euch, im Vertrauen voranzugehen, mit dem Wissen, dass das Gewünschte eintreffen wird oder noch besser: dass es schon in eurem Leben Realität geworden ist..

Katja: *Wundervoll. Das ist verständlich. Gibt es denn eine Möglichkeit, einen Gedanken zu formen oder zu verändern?*

Geistiges Lichtteam: *Natürlich gibt es diese Möglichkeit. Das wurde euch auch schon in verschiedenen Büchern weitergegeben. Doch wir wollen jetzt nicht auf diese Methoden eingehen, sondern euch eine neue vorschlagen. Ein Gedanke ist nichts anderes als ein Bild. Es ist ein Bild, das Materie erzeugt – in euch und dann im Außen. Es ist sozusagen wie ein Produkt, das in euch entsteht und nach einiger Zeit im Außen fertig anzuschauen ist.*

Würdet ihr verstehen, dass ihr während der Produktion jederzeit die Wahl habt, die Farbe, die Größe und andere Details eures Produktes zu bestimmen? Würdet ihr verstehen, dass ihr selbst es seid, die die Anziehung täglich, minütlich und sekündlich verändern könnt?

Katja: Das verstehe ich.

Geistiges Lichtteam: *Ja, du schon, Katja. Nur viele von euch haben eben genau vor dem Erschaffen noch Angst. Das hat mit dem zu tun, was viele von euch in vorherigen Inkarnationen erlebt haben. Viele Programme laufen noch immer auf der DNA-Ebene ab oder sind dort fixiert. Wir nennen den Prozess, der gerade durch das Jahr 2020 und die damit verbundene Krise ausgelöst wurde, »das Enthäuten von alten Dingen«. Der Prozess, der in diesem intensiven Jahr begonnen wurde, hat aber vor allem auch damit zu tun, dass euch von den Religionen und Kirchen etwas gelehrt wurde, das in der eigentlichen Botschaft der Quelle nicht so gedacht war.*

Euch wurde gelehrt, dass es Dinge gibt, die nun mal so sind, und dass ihr sie nicht ändern könnt. Ihr sprecht im menschlichen Sein von euren Seelenplänen. Ihr denkt noch immer, dass die Akasha-Chronik, der Ort eurer Pläne, nicht veränderbar ist. Ihr denkt, da gibt es ein Buch, in dem alles festgeschrieben steht, was ihr als Seele hier unten auf der Erde vorhabt. Nun, das war einmal so. Doch die Dinge auf euren Bewusstseinsebenen haben sich verändert. Die Welt hat sich verändert. Menschlich, aber auch geistig gesehen steht ihr alle an einem enormen Wendepunkt der menschlichen Geschichte.

Bitte versucht in diesem Moment anzunehmen, dass ihr schöpferisch seid. Ihr alle seid schöpferische Wesen, Wesen der Veränderung, Wesen der Erweiterung und Wesen der neuen Zeit.

Ihr seid feste Materie, aber auch feinstoffliche Energie. Ihr tragt in euch die Kraft, euer Wesen, eure Körper und eure Umwelt zu verändern. Das Problem, eure größte Hürde sind nur das Denken und die Werte, die euch jahrelang eingeredet worden sind. Da gab es Menschen, die euch die Zukunft vorhergesagt haben, da gab es Menschen, die euch Dinge über euer Leben gesagt haben, und ihr habt ihnen ge-

glaubt. Ihr habt blind geglaubt, obwohl es eure eigentliche Aufgabe hier auf Erden ist, eure Schöpferkraft zu nutzen.
Nichts in eurem Erdenleben ist wichtiger, als zu erkennen, dass jeder von euch Schöpfer ist. Jeder Einzelne von euch ist ein Ausdruck der göttlichen Materie, der göttlichen Ordnung. Und niemals würde die göttliche Ordnung richten. Niemals würde die göttliche Ordnung Dinge vorhersagen und euch in eurer Wesenheit einschränken.
Und genau das ist es, was gerade auch durch Corona auf eurer Erde geschieht. Corona löst eine Welle aus, die euch hilft zu erkennen, dass Freiheit euer höchstes Gut ist. Freiheit ist das, was euch führt. Freiheit ist das Wort, das ihr in Zukunft noch viel gebrauchen werdet. Freiheit ist die eigentliche Kraft, die euch als Menschen mit der göttlichen Ordnung verbindet. Und Freiheit ist auch das Feld, das euch Antworten auf alle Fragen in eurem menschlichen Leben schenkt.

Katja: Wundervoll. Ich danke euch. All das leuchtet mir ein. Doch als Mensch finde ich es oft schwierig, Gefühle zu beeinflussen oder zu verändern. Geht das überhaupt?

Geistiges Lichtteam: Nun, eine sehr wichtige Frage, Katja. Schaut, es gibt bei euren Gefühlen zwei verschiedene Pole. Das heißt, eure Gefühle sind wie Gegenpole, die sich oft voneinander abstoßen, um etwas Neues zu erschaffen oder zu fühlen. Es passiert auf der feinstofflichen Ebene in eurem Herzbereich eine Explosion, wie wir es auf unseren Ebenen nennen. Eine Explosion, die einzelne Teile versprengt und neu ordnet.
Betrachten wir einmal die zwei Gefühle Trauer und Liebe. Trauer ist ein schweres, träges Gefühl. Liebe hingegen ist ein leichtes, freies Gefühl. So wurde das zumindest jahrelang von euch als Menschen in der Gesellschaft gesehen. Man könnte es

aber auch ganz anders betrachten. Genauso kann die Trauer aber auch ein Gefühl von Freiheit sein. Nehmen wir beispielsweise an, ein Mensch verstirbt nach einer jahrelangen leidvollen Krankheit. Ist da nicht die Trauer der Hinterbliebenen zwar da, aber genauso auch ein Gefühl der Freiheit, der Befreiung, dass dieser Mensch nun von seinem Leiden erlöst wurde?

Oder betrachten wir die Liebe. Auch hier gibt es zwei Pole. Manchmal in euren Leben fehlt euch die Liebe. Es fehlt euch das Gegenstück. Ihr habt das Gefühl, ihr könnt nicht mehr fühlen. Das ist normal und will euch nur sagen, dass da in euch, in eurem Herzen gerade ein Übergang stattfindet. Er hat nicht damit zu tun, dass ihr falsch seid oder irgendetwas mit euch nicht stimmt. Es will euch lediglich darauf hinweisen zu prüfen, ob eure Lebenswerte noch mit der Liebe eures Herzens übereinstimmen und zu den Plänen, die ihr als Seele gern umsetzen wollt, passen.

Katja: *Das ist verständlich, wie ihr das gerade erklärt. Nur wie kann in schweren Momenten die Liebe wieder tiefer entfacht werden, wie kann ein Mensch in kurzer Zeit in sich geheilt werden?*

Geistiges Lichtteam: *Das ist genau das Problem oder besser gesagt die Herausforderung in vielen Aspekten der Liebe, die wir gerade auf eurem Planeten Erde wahrnehmen. Schaut, es gibt verschiedene Ebenen der Liebe. Damit ihr die wahre tiefe Liebe erfahren könnt, ist es für euch wichtig, dass ihr erst mal euren inneren Kern heilt. Der innere Kern eures Herzens, sozusagen die Herzhöhle, ist der Ort, an dem ihr Schmerz abspeichert. Schmerz über viele Dimensionen. Schmerz über Generationen hinweg.*

Gerade in dieser tiefen Zeit der Transformation auf eurer Erde geht es mehr denn je darum, dass ihr diese tiefen Schichten auflöst, dass ihr Freiraum schafft. Freiraum für eine neue Liebe, die Einzug halten will.

Katja: *Was genau meint ihr mit neuer Liebe?*

Geistiges Lichtteam: *Die neue Liebe bindet nicht. Die neue Liebe lässt frei. Die neue Liebe entsteht aus dem inneren Kern heraus und nicht aus einer Abhängigkeit. Die neue Liebe fließt ungehindert, bedingungslos und ohne Anforderungen. Die neue Liebe heilt. Sie öffnet und sie verbindet.*

Katja: *Wunderschön. Meint ihr mit der neuen Liebe auch, dass es neue Partnerschaftsmodelle geben wird?*

Geistiges Lichtteam: *Natürlich wird es das, denn wenn Liebe bedingungslos ist, wird das automatisch so sein. Darüber können wir jedoch noch nicht sprechen, da euer Verstand schon hier ausschalten würde oder verletzt wäre.*

Katja: *Oh ja, das kann ich mir gut vorstellen. Kommen wir also irgendwann später darauf zurück.*

Geistiges Lichtteam: *So ist es.*

Katja: *Ich freue mich darauf. Danke, meine Lieben.*

In diesem Dialog mit meinem geistigen Lichtteam können wir nochmals genau erkennen, dass unser Verstand oft nach Antworten innerhalb des Gewohnten und Bekannten sucht, während unser Herz und die Herzfrequenz eigentlich tausend Mal stärker sind. Wir fühlen und wir wissen das. Diese Erkenntnis durfte ich selbst insbesondere in einer sehr intensiven Erfahrung mit einem Klienten begreifen, der in kurzer Zeit eine tiefe Herzheilung erfahren durfte. Es freut und ehrt mich sehr, dass ich seine Geschichte mit seiner Zustimmung hier weitergeben darf.

DIE HERZHEILUNG EINES KLIENTEN

Segelflieger Uli Schwenk, Vizeweltmeister in Ungarn (2017), Europameister (1998) und mehrfacher Deutscher Meister, kam extra aus Deutschland zu mir in die Behandlung angereist. Er hatte starke Herzrhythmusstörungen, doch schnell sagte mir mein geistiges Lichtteam, dass diese nicht im physischen Körper begründet waren, sondern auf seelischer, emotionaler Ebene. So begann ich, Uli Schwenk mit meinem Gesang zu behandeln, und folgte Schritt für Schritt dem, was mir mein geistiges Lichtteam durchgab. In nur wenigen Sessions konnten wir gemeinsam erreichen, dass sich die Störung linderte – rein mit den Frequenzen des Gesangs, die seine Herzfrequenz Schritt für Schritt heilten.

Ich hatte auch zu dieser Zeit schon viele Beratungen, Heilungen und Veränderungen bei meinen Klientinnen und Klienten erlebt, aber das Feedback von Uli Schwenk löste in mir eine besondere Demut aus und verankerte eine Erkenntnis, die ich schon länger in mir trage, tiefer: Diese Behandlung bestätigte mir, dass das Herz der absolut zentrale Teil unseres Menschseins ist und dass Selbstheilung, die für mich durch das »Göttliche« erfolgt, über unsere Herzen fließt. Bei jeder Krankheit, bei jedem Thema können wir den Ursprung im Herzen erkennen und fühlen, um dann alle Ebenen, Körper, Geist und Seele, in den göttlichen Fluss zurückzubringen.

Uli Schwenk schrieb mir nach den Behandlungen: »Liebe Katja, mein Kardiologe meinte bei meiner ersten Untersuchung im Tomografen: ›Das Herz hat sich ja ungewöhnlich schnell erholt.‹ Schön, dass ich dich kennenlernen durfte, nachdem ich sehr große Probleme mit dem Rhythmus meines Herzens hatte. Durch deine herzliche, positive, ja geradezu erhellende Ausstrahlung fühlte ich mich sofort spürbar wohl und konnte mich mit meinem ganzen Vertrauen deiner Behandlung hingeben. Du hast Punkte an meinem Körper angesprochen, über die ich sehr erstaunt war, weil du darüber gar nicht informiert sein konntest. Ich hatte bei jedem angesprochenen Punkt das Gefühl, dass sogleich der Körper begann, daran zu arbeiten. Selbst über eine Fernbehandlung, du in der Schweiz und ich in Südafrika, konntest du meinen Herzrhythmus behandeln und ich konnte tief schlafen. Meine Angst war weg. Als ob man eine Kopfschmerztablette eingenommen hat und der Schmerz langsam nachlässt. Ich habe nun dauerhaft eine Heilung meines Herzens erfahren dürfen und du schaffst es, auch die weiteren ›Problemchen‹ zu behandeln. Herzlichen Dank!«

Über unsere Herzen sind wir alle verbunden. Nicht nur untereinander, auch mit unserem Herkunftsort. So lass uns nun weiterreisen, gemeinsam, Hand in Hand, an den Ort, an dem wir uns einst entschieden haben, hier auf Erden zu inkarnieren.

WARUM WIR, DU UND ICH, HIER AUF DER ERDE SIND

DIE SCHÄTZE AUS DEM »GOLDENEN BUCH«

Es gibt Momente, in denen zweifeln wir an unseren Fähigkeiten. Wir zweifeln an dem Wissen, das wir mitbringen. Wir zweifeln an den Gaben, die wir in uns tragen. Und genau diese Momente zeigen uns so schön, dass wir Mensch sind. Mit all den dazugehörenden Gefühlen und Ängsten.

Weißt du, uns wurde jahrhundertelang über Werte und Moral in der Gesellschaft gelehrt, dass das Leben auf der Erde in einem gewissen Rahmen stattfinden soll. In den Beziehungen, in der Familie, im Persönlichen und Beruflichen. Bis heute werden Frauen beispielsweise komisch angeschaut, wenn sie sagen, sie wollen keine Kinder. Die meisten denken: Irgendwann heiratet man und nach der Hochzeit kriegt man Kinder. Aber entschuldige bitte, was ist das für ein Maßstab?

Auch meinem Mann und mir wurde nach unserer Heirat immer wieder die Frage gestellt: Wann gibt es Nachwuchs? Für mich war das nach dem Verlust von drei Kinderseelen jeweils ein Stich ins Herz. Oft antwortete ich ganz offen und ehrlich, da ich die Fragenden aufwecken und zum Nachdenken bringen wollte: »Nein, wir haben noch keine Kinder. Wir haben bereits drei Kinderseelen verloren. Das Leben ist ein Wunder.«

An den Gesichtern der Menschen sah ich dann, dass sie bemerkt hatten, mit der Frage zu weit gegangen zu sein. Genau das wollte ich erreichen. Leider überlegen sich die wenigsten, was sie sagen.

Schon seit meiner Kindheit lebt in mir das Gefühl, dass ich Menschen und auch Konstrukte und einfach so hingenommene Situationen aufwühlen will. Ich will Verborgenes aufdecken. Um anschließend ganz neue Wege aufzuzeigen. Ich selbst fühle, dass ich da bin, um neue Möglichkeiten zu offenbaren und das Erwachen der Menschheit mit voranzutreiben. Genau genommen will ich einfach an das erinnern, was wir tief in uns tragen.

Lass mich dich nun mitnehmen in die mystische Welt dieses Goldenen Buches, denn vieles, was ich weiß und wahrnehme, lese ich aus diesem Buch. Vielleicht hast du schon mal von der Akasha-Chronik gehört. Diese Chronik ist eine Art Bibliothek, die sehr altes Wissen enthält. Wissen über die Seelen und ihre Inkarnationen, aber auch über das Leben an sich. Das Goldene Buch nun steht noch über der Akasha-Chronik und ist sozusagen der Ursprung von allem Wissen.

In der Tiefe unserer Herzen liegt ein Wissen. Ein jahrelang verborgenes Wissen. Es ist ein Wissen aus einem Goldenen Buch. Ein Buch, so alt wie die Menschheit. Oder nein, noch älter.

Folge mir also auf eine Reise zu unserem Ursprung, zu deinem Ursprung. Was du im Folgenden in dein Herz zurückholen kannst, ist wahres Gold. Es ist ein Wissen aus sehr tiefen Ebenen. Ein Wissen, das nun bereit ist, nach außen getragen zu werden. Und du als Leserin, als Leser dieses Buches hütest dieses Wissen seit deinen ersten Inkarnationen, seit Anbeginn der Zeit in dir. Es ist dein Geschenk an die Welt und du darfst dich an dieses Geschenk nun erinnern. Erinnere dich mit mir in der Tiefe deines Seins an einen Ort, an dem du und ich, an dem wir uns verbunden haben, um einen Wandel auf der Erde mitzugestalten.

Ich möchte dir mehr von meinen inneren Bildern und Wahrnehmungen erzählen, die mit diesem fast vergessenen Ort zusammenhängen. Es ist ein Ort in dir, der bereit ist wiederaufzuleben. Immer wieder hatte ich diese Bilder. In Träumen, in Wachzuständen, in Meditationen. Nun bin ich bereit, sie hier mit dir zu teilen. Denn da gibt es einen Berg oder eher einen Hügel, wie eine Klippe. Es ist ein magischer Ort, von dem aus man den

Horizont sehen kann. Ich sehe in meinen inneren Bildern oft wundervolle Sonnenuntergänge, die weit ins Meer reichen. Die Wellen schlagen sanft und manchmal auch laut an die Klippenwände.

Unterhalb der Klippe sehe ich eine Höhle, von der man ebenfalls einen Weitblick ins Meer hinaus hat. Die Höhle ist sehr groß und hat einzelne »Gucklöcher«, durch die man das Glitzern des Wassers betrachten kann. Dieser Ort ist voller Licht und offenbart eine tiefe Weisheit.

Nun sehe ich mich in einem weißen langen Kleid mit vielen weiteren Frauen auf diesem Hügel. Vereinzelt sind da auch Männer, sie halten sich eher im Hintergrund. Vorn an der Klippe sehe ich eine weiße Fahne. Sie symbolisiert den Frieden, aber auch die Wandlung auf der Erde. Ein sanfter Abendwind weht und schmückt die Wiese mit einer heilsamen Atmosphäre. Es gibt viele Blumen und Kräuter. Heilkräuter, die wir einst für Tinkturen gebraucht haben. Der Ort ist voller Liebe und Frieden. Auch eine große Feuerstelle ist da – das Feuer steht für mich für den Aufbruch. Für das Loslassen der alten Werte und das Annehmen der neuen.

Um das Feuer sehe ich eine große Menschenmenge, verbunden mit der Natur, barfuß tanzend. Und da sind auch vereinzelt freudige Kinderaugen, die dem Schauspiel des Feuers zuschauen. Aufbruchstimmung liegt in der Luft und ich frage mich in diesem Moment: Habe ich früher einmal so gelebt oder sind diese Bilder nur in meiner Vorstellung lebendig?

Ich fühle die Antwort schon beim Stellen der Frage: Ja, es ist ein Ort, den meine Seele und auch deine Seele kennt. Für mich war es ein Ort, der verbunden mit der tiefen Weisheit der Natur, mit Zyklen und Weisheiten der Urquelle war. Ein Ort der Verbundenheit. Spürst auch du ihn?

Ich bin mit meinem geistigen Lichtteam in einen Dialog gegangen, um dir mehr über diesen magischen, längst vergessenen Ort berichten zu können:

Der Ort unserer Herkunft

Katja: *Meine Lieben, was könnt ihr uns über die Bilder erzählen, die ich sehe?*

Geistiges Lichtteam: *Erst einmal ist es uns eine große Ehre, von diesem Ort zu sprechen. Es ist uns eine Ehre, dich, aber auch deine Leserinnen und Leser an diesen Ursprungsort zu erinnern. Lasst uns also ganz am Anfang beginnen: Seit Anbeginn der Zeit gibt es einen Ort, der viele alte Seelen, die auf der Erde einen gemeinsamen Auftrag haben, vorbereitet. Vorbereitet auf eine Zeit des Neubeginns auf Mutter Erde. Vorbereitet auf die Zeit eines neuen Miteinander.*

Seit Anbeginn der Zeit ist es unsere höchste Mission, der Erde beim Aufstieg in ein neues Bewusstsein zu helfen. Und seit Anbeginn der Zeit ist es ebenso eine Aufgabe, die tief im Herzen eines jeden von euch abgespeichert ist. Es ist ein Ziel. Es ist eine Mission. Und darin liegt eine Verbundenheit, die über alles hinausgeht, was viele von euch in euren Erdenleben jemals gefühlt haben.

Oft ist da dieses Gefühl des Ausgeschlossenseins, des Alleinseins. Da ist eine Sehnsucht, die viele von euch führt. Die Sehnsucht nach einer Zeit des Verbundenseins, des gegenseitigen Verständnisses, des Förderns der eigenen Talente. Der tiefen Akzeptanz und des Respekts der Erde und all ihren Lebewesen gegenüber. Niemals würdet ihr diese Zeit vergessen. Niemals würdet ihr sie verleugnen. Nur als Mensch, als inkarniertes Wesen ist da eben dieser Schleier des Vergessens.

Doch wisset, es wird die Zeit kommen, wo ihr euch erinnert. Wo ihr beginnt, das alte Wissen aufleben zu lassen. Wissen, das seit Anbeginn der Zeit nicht mehr ge-

lebt wurde, das seit Anbeginn der Zeit sprudelnd und voller Kraft und doch verborgen an einem Ort gehütet wird. In der Tiefe eurer Herzen. Es wird eine Zeit geben, wo ihr erleben werdet, wie alles Wissen sich öffnet und durch Weisheitstore zu euch strömt.

Vielleicht fließen gerade Tränen über eure Wangen. So wisset, dass wir euch in diesem Moment umarmen. Umarmen, um euch zu trösten. Es dauert nicht mehr lange und wir können uns zeigen. Ganz, eins, in unserer vollsten Kraft. Wir aus unseren Ebenen können euch gar nicht genug danken für euer Durchhalten.

So begegnen wir uns wieder. Wenn ihr mögt, seid dabei, wenn sich Katja noch tiefer an ihr Wissen erinnern wird, um euch davon zu erzählen. Aus verstaubten Seiten wird sie lesen, doch es sind Seiten, die tiefe Weisheit in jeder Zeile tragen. Sie wird lesen aus dem Goldenen Buch.

Und wisset, bald werden die Liebe und der Friede, aber auch euer Mut größer sein als alles andere, das euch noch aufhält, die Lichtkraft eurer Herkunft zu leben.

So stehen wir hier mit euch auf dem Berg, auf diesem Hügel der Weisheitstore. Viele Symbole und Steine umgeben uns und wir freuen uns. Wir freuen uns auf die Momente, in denen wir euch noch tiefer begegnen dürfen. Bis dahin hört nie auf zu glauben, dass da in jedem von euch ein sprudelnder Wasserfall steckt, der bereit ist zu fließen und sich in seiner vollsten Reinheit zu zeigen. So werden wir uns sehen. So werden wir uns begegnen in einer noch größeren Kraft!

Bei diesen Zeilen weine ich. Sie berühren so tief! Ich sitze im schweizerischen Lenzburg vor dem Rathaus in der Nähe vom Schloss und spüre die Kraft dieses Ortes. Ich kann dir nicht sagen, warum oder wieso, doch dieser Ort, wie auch das Schloss Wildegg, sind für mich Orte der Reinheit, die tiefes Wissen in sich tragen. Und ich liebe es, mich hier aufzuhalten. Wenn du den Impuls verspürst, mal nach Lenzburg zu reisen, empfehle ich dir, den Hügel oberhalb vom Schloss zu besuchen. Da gibt es eine kleine Treppe. Sie nennt sich »Himmelsleiter« und dieser Weg symbolisiert für mich etwas Magisches. Wenn du oben ankommst, gibt es zwei große Bäume auf der linken Seite. Von da aus hast du eine wunderbare Aussicht auf das Schloss und die Umgebung. Es ist einer meiner Kraftorte. Es ist einer der Orte, an denen ich mich an genau dieses Wissen, das ich hier gerade niederschreibe, erinnerte.

Wer weiß, vielleicht begegnen wir uns da oder auch in unseren Träumen. Ich bin mir sicher, in jedem von uns gibt es einen Ort, der sich nach der Verbundenheit, die wir einst gelebt haben, sehnt.

Nun möchte ich jedoch mit dir nochmals zurückreisen auf die Klippe, von der ich dir erzählt habe. Wir, eine große Menge von lichtvollen Seelen, stehen alle Hand in Hand auf dieser magischen Klippe. Wir alle fühlen die Neuausrichtung und wir alle wagen ihn: den ersten Schritt, den Schritt in eine Zukunft, in der wir das alte Wissen zurückholen. Wissen aus Lemurien, Wissen aus Atlantis. Wissen aus Avalon, Wissen aus Zeiten vor Christus. Es wird geschehen und du fühlst das. Du fühlst es mit jeder Zelle deines Wesens. Schließ deine Augen und fühle diese enorme Kraft in dir, die du von deiner Herkunft mitbringst.

Dies ist keine Übung, es ist die Anbindung an die Quelle, die in dir sprudelt. Es ist der Moment, in dem du tief in dir erkennen kannst, mit der Visualisierung des beschriebenen Bildes, dass du Göttlichkeit in dir trägst und die reine Quelle seit Anbeginn der Zeit durch dich wirkt.

So gern würde ich nun noch mehr von diesen Bildern und Visionen, die ich in mir trage, erzählen. Doch fühle ich, dass es noch zu früh wäre. Ich selbst muss noch etwas gebären. Etwas auf diese Erde bringen. Deshalb lass mir noch Zeit. Lass mir Zeit, um mir selbst, aber auch dem, was ich auf diese Erde bringen darf, voller Demut und Achtsamkeit zu begegnen. Während ich diese Zeilen schreibe, befinde ich mich in der letzten Phase meiner Schwangerschaft und fühle, wie da etwas in mir gedeiht und reift, was noch etwas braucht. Nicht nur physisch.

Die Dinge brauchen ihre Zeit. Wir alle erleben in dieser Zeit so viel Wandel und Transformation und können dem Prozess vertrauen.

Ich fühle dabei tiefe Weisheit und Dankbarkeit, doch auch eine Angst in mir, ob ich wirklich bereit bin für meine Aufgaben. Auch, ob ich die Mutter sein kann, die dieser Seele, die gerade in meinem Bauch ist, den passenden Nährboden schenken kann. Doch wie immer lasse ich mich tragen. Tragen von meinem geistigen Lichtteam. Tragen von all dem, was mir das Leben zeigt, und schon bald auch von der Weisheit meines Kindes, das zum Zeitpunkt des Erscheinens dieses Buches bereits das Licht dieser Erde erblickt haben wird.

Mein geistiges Lichtteam schmunzelt gerade und sagt: »Der Prozess beginnt!« Still und leise und doch kraftvoll und enorm groß, in jeder und jedem Einzelnen von uns.

FÜR WELCHE MENSCHEN ICH AUF DER ERDE BIN

Meine Seele führt mich – und oft ist es für meinen physischen Körper nicht einfach, ihr so schnell zu folgen. Er fühlt sich dann wie im Jetlag. Er braucht einfach länger, bis er meinem Geist und meiner Seele nachkommt. Dieses Gefühl nehme ich seit 2019 vermehrt bei vielen feinfühligen Menschen wahr und es ist aus meiner Sicht eindeutig ein Indiz für Seelen, die sehr alt sind und wertvolles Wissen für diese Inkarnation in sich tragen. In diesem Kapitel gehe ich darauf ein, für welche Menschen ich inkarniert bin und was meine Aufgabe im Zusammenhang mit ihnen ist. Vielleicht erinnert es dich noch stärker an deine tieferen Gründe, hier zu sein.

Seit meiner Kindheit sehne ich mich nach einer Familie. Nach dem Gefühl der Verbundenheit mit den Meinen. Ich meine damit nicht meine Familie hier auf Erden. Ich meine damit meine Familie auf anderen Ebenen. Ich wusste einfach von Anfang an, dass ich hier nur zu Besuch bin und meine Heimat woanders liegt. Oft habe ich so eine tiefe Sehnsucht, nach Hause zu gehen! Ich meine damit nicht das Gefühl, dass ich mir das Leben nehmen möchte, nein. Es ist ein Gefühl, das mich oft in Momenten, wo ich einen nächsten Schritt im menschlichen Sein wagen darf, übermannt und fast zerreißt. Es ist ein Gefühl von: »Holt mich jetzt bitte hier raus! Ich gehöre nicht hierhin!« In solchen Momenten bin ich oft sehr wütend auf mein geistiges Lichtteam.

Ich hasse es dann, dass ich so viel wahrnehme. Ich hasse es, dass ich so offen, so feinfühlig bin. Und ich bin mir sicher, diese Momente gibt es auch in deinem feinfühligen Leben, sonst würdest du jetzt und hier nicht dieses Buch lesen. Mir ist dazu etwas sehr Wichtiges aufgegangen: Manchmal geht es darum, dass wir zulassen, dass wir kraftvoll sind, dass wir zulassen, dass da in uns ein Wissen schwingt. Etwas, das wir mit dem Verstand nicht fassen und nur mit dem Herzen umarmen können. Ich habe dir bereits geschrieben, wie schwierig es für mich war, eine Sprache zuzulassen, die man mit dem Verstand nicht verstehen und nur mit dem Herzen fühlen und erkennen kann. Mein Verstand sagte mir immer wieder: »Man könnte ja denken, die Katja spinnt!«

Bis heute war diese Angst aber nur ein Hinweis auf meine Stärke. Klar mögen Menschen denken, dass ich spinne. Die gibt es immer und überall, oder? Doch die, die meine Worte fühlen und die ich tief im Herzen erreichen und erinnern kann, die werden erkennen, dass über diese Schwingung Selbstheilung und Rückverbindung entstehen können. Es sind Menschen, die sich selbst in der Tiefe ihrer Seele erkennen und leben möchten. Und genau für diese Menschen, für dich, bin ich hier. Für dich schreibe ich dieses Buch. Denn ich wünsche dir so sehr, dass auch du deine Hürden anzugehen wagst, auch wenn du noch nicht weißt, was dich erwartet.

Beginne einfach, denn bereit sind wir nie.

Es gibt nie diesen einen Punkt, an dem wir sagen: Jetzt stimmt alles. Wir müssen es einfach wagen. Also wagen wir es doch als Einheit. Stell dir noch einmal dieses Bild der Klippe vor, auf der wir uns als Einheit verbinden. Wie wir uns als viele feinfühlige Seelen an den Händen halten, wie wir gemeinsam einen Schritt nach vorn treten, wie die Kraft jede Zelle unseres Seins erfasst, wie wir voranschreiten in Verbundenheit. Schließ deine Augen und fühle dieses Bild. Sage laut: »Danke, dass ich meinen Platz nun einnehmen darf« und fühle, was die kommenden Worte in deinem Inneren auslösen.

Da gibt es einen Ort …

… wo wir uns alle als Einheit immer wieder getroffen haben. Einen Ort, den deine Seele kennt. Es ist ein Ort fernab von Dogmen und von außen auferlegten Wahrheiten. Ein Ort der Heimat, des Einsseins. Ein Ort der Geborgenheit und der tiefen Liebe. Dieser Ort liegt fernab des Verstandes. Fernab von Zweifeln.
Er berührt und verbindet uns. Er aktiviert in uns das, was jeder von uns in seinem Herzen trägt. Doch wir haben vergessen. Wir haben vergessen, hinter dem Schleier des Lebens auf der Erde. Heute, hier und jetzt ist es Zeit, dass du dich wieder an dieses wichtige Wissen erinnerst. Dass du dich erinnerst, um dich rückzuverbinden mit dem, was da in dir schlummert und längst darauf wartet, von dir wiederentdeckt zu werden.

Spürst du die Kraft hinter diesen Worten? Fühlst du, was nun kommt, auch wenn du es noch nicht beschreiben kannst? Du wirst umarmt aus den höheren Ebenen, du wirst geliebt. Ein tiefes Geborgenheitsgefühl breitet sich in dir aus. Ein Gefühl des Richtig- und des Aufgehobenseins.
Schließ deine Augen und fühle einfach. Fühle die Wärme in dir. Ich möchte, dass du fühlst, dass du mehr bist. Ich möchte, dass du zulässt, dass du mehr bist. Ich möchte, dass du erkennst, dass du mehr bist. Dafür bin ich hier und dafür erzähle ich dir das alles.

DEIN ERINNERUNGSRITUAL

Hier nun möchte ich dir ein Erinnerungsritual vorstellen, mit dem deine Seele und dein Menschsein einen ersten Einblick in dein Seelenwissen erhalten können. Du kannst es gern auch als Morgenritual in deinen Alltag einführen. Es ist kurz und doch sehr kraftvoll. Während du es zelebrierst, kannst du dich wundervoll mit deinem höheren Selbst verbinden.

Rituale vernetzen und lassen uns noch tiefer erinnern. Ich bitte dich aus ganzem Herzen, unten erst weiterzulesen, wenn du alle Gegenstände, die ich gleich aufliste, zusammenhast und bereit bist, dir Zeit für dieses Ritual zu nehmen. Es wird dein Herz öffnen und dich vorbereiten für das Wissen, das in dein Herz zurückfinden und in ihm entfacht werden darf. Wenn du möchtest, kannst du bei diesem Ritual mit meinem Gesang »Erinnerung« arbeiten, den du auf meiner Website findest (siehe QR-Code hinten im Buch). Du brauchst für dieses Ritual: eine weiße Kerze, eine weiße Feder, ein weißes Blatt Papier, einen Bleistift, Meersalz, Olivenöl.

Erinnerungsritual

- *Zünde die weiße Kerze an und leg die weiße Feder daneben.*
- *Leg auch das Blatt Papier dazu und den Bleistift.*
- *Bevor du das Ritual beginnst, wasch deine Hände mit etwas Meersalz und zwei, drei Tropfen Olivenöl. Misch das Meersalz mit dem Olivenöl zu einer Art Peeling und reinige deine Hände von den Handgelenken zu den Fingerspitzen. Spüle sie danach sanft mit Wasser ab.*
- *Anschließend setzt du dich aufrecht vor die Kerze.*
- *Schließ deine Augen und bitte das Universum, die höchste Quelle, das höchste Licht, bei dir im Raum zu erscheinen.*

- *Warte, bis du in deinem Herzen eine Wärme, eine Geborgenheit oder auch eine Ausdehnung spüren kannst. Öffne dann deine Augen und schau ins Kerzenlicht. Versuch dir vorzustellen, wie sich das Licht um dich, um deinen Körper hüllt, wie eine schützende, wärmende Geborgenheit, die dir das Gefühl gibt, tief in dir aufgehoben zu sein.*
- *Dann nimm die Feder in deine linke Hand und sprich laut: »Ich bin bereit, in Leichtigkeit und in tiefer Liebe und Verbundenheit aus der reinen Quelle meines Ursprungs zu empfangen!«*
- *Führe dann die Feder zu deinem Herzen und achte darauf, was sich in deinem Körper zeigt oder verändert.*
- *Schließ das Ritual ab mit einem lauten: »Danke, dass ich mich erinnern darf! Erinnern an meine ureigene Mission.«*
- *Atme dann dreimal tief ein und aus und fühle dabei die Ausdehnung in deinem Herzen.*
- *Schreib anschließend auf, was du bei dem Ritual gefühlt, gesehen oder erkannt hast.*
- *Führe das Ritual über einige Zeit, ein paar Tage oder auch Wochen aus und fühle, wie du bei jedem Mal deiner Uressenz näher kommst und dir dein höheres Selbst immer mehr wertvolle Impulse vermittelt, wenn du bereit bist, sie zu hören und vor allem anzunehmen.*

MEINE MISSION IST AUCH UNSERE GEMEINSAME

Es ist die goldene Zeit und wir, du und ich, sind inkarniert, um in diesem goldenen Zeitalter etwas auf der Erde zu bewegen. Verbinden wir uns also. Erkennen wir, dass wir gemeinsam stark sind.

Im Universum gibt es verschiedene energetische Netze. Unter anderem auch die Leylines, energetische Linien auf der Erde, die Kraftplätze miteinander verbinden. Im Jahr 2018 habe ich in meinen Gruppenkursen immer wieder von meinem geistigen Lichtteam die Botschaft erhalten, dass es Zeit ist, diese Leylines in der Schweiz und darüber hinaus wieder zu aktivieren. Mein geistiges Lichtteam gab mir den Auftrag, diese Leylines mit meinen Gesängen und der Lichtsprache zu aktivieren. Über Jahre hinweg wurden diese feinstofflichen Quantennetze mit positiven, aber auch mit vielen negativen Informationen überhäuft. In Gruppenkursen eröffnete ich mit Teilnehmern heilige Räume, deren Energie an diese Orte floss.

Während ich diese Zeilen schreibe, sitze ich in Ronco am Lago Maggiore und erkenne erst jetzt, was es mit diesem Auftrag auf sich hat. Die Aufgabe, diese heiligen Netze mit der Lichtsprache zu aktivieren, heißt genau genommen, diese Netze zu stärken, ihren Energiefluss neu anzuregen und für die neue Zeit bereit zu machen. Diese Netze dienen uns Menschen als Energielieferanten, als Katalysatoren, um neue Kraft zu schöpfen und alte Energien abzuleiten, so beschreibt es mir mein geistiges Lichtteam. Um dir meinen und damit vielleicht auch deinen Plan genauer zu skizzieren, gehe ich nun in ein tiefes Gespräch mit meinem geistigen Lichtteam:

Unsere Mission

Katja: *Mein liebes Lichtteam, was ist der wesentliche Auftrag der Seelen, die dieses Buch lesen?*

Geistiges Lichtteam: *Wie wundervoll, euch auf diesen Ebenen wieder zu begegnen. Wie wundervoll zu sehen, was sich in dieser Zeit auf der Erde öffnet. Erst einmal wollen wir uns bei euch bedanken, denn jede und jeder Einzelne, der gerade dieses Buch liest, stellt seinen Auftrag, seine Lichtkraft in einen höheren Plan. Ihr dient. Ihr dient in diesem Sinn, dass ihr eurer Intuition folgt und ihr vertraut, auch wenn dies für euch als Menschen oft nicht einfach ist.*

Nun, kommen wir zu deiner Frage. In dieser Zeit ist es wichtiger denn je, dass jeder von euch beginnt, in die Hingabe zu finden. Hingabe bedeutet, dass ihr eure Vorstellungen davon loslasst, dass Dinge vorherbestimmt sind. Hingabe heißt, dass ihr vertraut, blind und in voller Leichtigkeit. Vertraut in dem Wissen, das das Höhere euch führt. Es gibt auf euren Ebenen eine wichtige Basis, die ihr verstehen und anerkennen dürft. Und gerade in dieser Zeit, in der ihr lebt, für die ihr inkarniert seid, ist dies wichtiger denn je. Es ist Zeit, in die volle Selbstverantwortung, in die Selbstermächtigung zu finden. Es ist Zeit anzuerkennen, dass ihr Schöpfer seid, jeder Einzelne von euch. Ihr seid Teil eines großen Ganzen. Teil einer großen Schöpfung und diese Schöpfung begrüßt euch in der Tiefe eurer Herzen.

Da gibt es einen Ort, da seid ihr alle gleich. An diesem Ort dürft ihr euch nun begegnen. Einst wurdet ihr vorbereitet auf das Abenteuer Erde. Auf eure Inkarnatio-

nen. Jeder Einzelne, der gerade dieses Buch liest, hat einen höheren Auftrag erhalten. Einen Auftrag, der Menschheit, aber auch der Erde im Aufstieg, in diesem Bewusstseinswandel zu dienen. Jeder Einzelne von euch hat eine grenzenlose DNA, die über eine normale DNA hinausgeht. Dies ist nicht wertend gemeint. Es soll euch lediglich beschreiben, dass gerade die DNA bei der Umsetzung eines höheren Plans von großer Wichtigkeit ist. Denn die DNA ist eure Seelensignatur und geschmückt mit euren ureigenen Werten. Euer Plan ist es, dass ihr eure ureigenen Werte auf dieser Erde, in euren Familien, in eurem Umfeld verankert. Dies bedeutet, ihr seid auf dieser Erde, um eurem Wesen einen ureigenen Ausdruck zu schenken und diesen Ausdruck mit den Menschen um euch zu teilen. Das kann auf ganz unterschiedliche Arten geschehen. Katja lebt es zum Beispiel über die Codierungen der Lichtsprache und des Gesangs aus. Nun, ihr wisst gar nicht, wie sehr wir uns freuen, dass ihr hier seid und das Abenteuer Seelensignatur mit uns nun in der Tiefe beginnt.

Katja: Wie schön, ihr Lieben! Gibt es einen Code, ein Lichtwort, das ich den Seelen geben kann, die gerade dieses Buch lesen, damit sie vielleicht noch tiefer erkennen oder sich erinnern können?

Geistiges Lichtteam: *Smile. Natürlich gibt es das, liebe Katja. Wir versuchen dir schon seit Tagen diese Melodien durchzugeben, allerdings sträubst du dich gerade noch etwas, diese heilige Geometrie zu empfangen und sie codiert nach außen zu geben.*

Katja: Ja, ich weiß. Ich sträube mich, weil ich Angst habe, dass das, was ich hier schreibe, die Menschen dazu bringen könnte, dass sie vielleicht denken, ich sei etwas Besseres. Das möchte ich auf gar keinen Fall sein.

Geistiges Lichtteam: Oh, deine Aufgabe ist etwas Besonderes und wenn du sie hier und jetzt, gegenüber von den Brissago-Inseln im Tessin sitzend, endlich ganz annimmst, kann deine Seelensignatur-Reise eröffnet werden und auch die Menschen, die das Buch lesen, können den höheren Plan dahinter erkennen. Lass dies unsere Sache sein. Wir aus unseren Ebenen werden dafür sorgen und ordnen, was es zu ordnen gibt, damit Klarheit in jede Zelle der Seelen, die dieses Buch lesen, fließen kann.

Katja: Oh, ich spüre die Kraft hinter euren Worten. Mir fließen die Tränen. Ich blicke gerade auf die Insel und spüre, dass sie Magisches in sich birgt. Ich spüre, dass dieser Ort hier eine besondere Energie in sich trägt. Kann es sein, dass ich auch schon mal hier war? Vielleicht in vorherigen Inkarnationen?

Geistiges Lichtteam: Oh, wahrlich warst du, wart ihr das. Die Inseln sind verbunden mit kraftvollen Energienetzen, die viele Seen, aber auch Berge in der Schweiz verbinden. Die Kraft an diesen Orten ist spürbar, aber auch messbar. Man redet in euren Sprachen von Boviseinheiten. Deren Kraft wird von vielen unterschätzt, deshalb wollen wir euch in wenigen, jedoch strukturierten Zeilen einiges darüber weitergeben.
Eine Boviseinheit ist ein Maß, das etwas über die Stärke der Energie eines Ortes aussagt. Über die Schwingung eines Ortes. Je mehr Boviseinheiten ein Ort hat, desto höher ist seine Kraft, seine Schwingung. Und je höher die Schwingung, desto höher ist auch die Verbindung zu dem höheren Selbst, der Seele, dem Überbewusstsein eures Menschseins. Wir empfehlen euch feinfühligen Menschen, öfter solche Orte aufzusuchen. Gerade in der jetzigen Zeit können sie für euch von großer Bedeutung sein. Katja hat bereits die Energie in einigen Kapellen mit ihren Gesängen neu aktiviert.

Katja: *Ja, eine Liste dazu findet sich, laufend aktualisiert, auf meiner Webseite.*

Geistiges Lichtteam: *Nun zurück zu den Leylines. Einst auf anderen Ebenen habt ihr euch als Einheit dazu entschieden, der Erde im Aufstieg des Bewusstseins zu helfen. Ihr als Seelen habt euch entschieden, mit euren individuellen Gaben Mutter Erde und allen Lebewesen eine kraftvolle neue Basis zu schenken, auf der sie gedeihen können. Diese Basis ist die Verbundenheit unter euch. Ihr kennt alle diesen Moment, wenn ihr jemandem begegnet und fühlt, dass ihr diesen Menschen irgendwie kennt. Ihr könnt vielleicht nicht beschreiben, woher, doch ihr könnt fühlen, dass ihr die Person kennt. Das sind die Momente, in denen ihr Seelen aus eurer Seelenfamilie begegnet. Jeder Mensch hat solche Momente und egal, wie weit er in seinem göttlichen Plan ist, fühlt er, dass mehr dahintersteckt.*

Nur bei euch geht dieses »Mehr« noch etwas weiter. Bei euch ist es so, dass ihr einer bestimmten Fläche dient. Jeder von euch ist an einem anderen Ort auf der Erde inkarniert, damit ihr wie Lichtsäulen für die Erde wirken könnt. Ihr alle tragt Teile von Engelwesen in euch, das war euch vielleicht bis jetzt nicht bewusst. Doch glaubt uns, jeder von euch hatte bereits magische Momente in seinem Leben, in denen er fühlte, da ist mehr. Dieses »Mehr« ist euer Wissen. Dieses »Mehr« ist das Universum in euch. Die einzigartige Lichtkraft eurer Herkunft.

Katja: *Was ist denn unsere Herkunft?*

Geistiges Lichtteam: *Ihr seid Sternensaat. Wesen, die aus höheren Ebenen inkarniert sind, um auf dieser Erde etwas Neues, Wundervolles zu säen. Einen Samen des Neubeginns. Einen Samen für das neue Zeitalter. Für ein Zeitalter, in dem die Menschen wieder erkennen, dass sie Schöpfer sind und ihr Leben in ihren Händen tragen und gestalten können.*

Katja: *Nun, gibt es noch etwas, das gerade von großer Wichtigkeit ist?*

Geistiges Lichtteam: *Oh ja, das gibt es. Doch ihr müsst zuerst wissen, dass jede Zeile dieses Buches sorgfältig von unseren Ebenen ausgewählt wird. Wir könnten über Katja noch viel mehr Wissen weitergeben, doch erst mal soll dieses Wissen ganz langsam, Schritt für Schritt an die Öffentlichkeit. Würden wir schon alles rausgeben, wären die Menschen überfordert, denn sie wissen nicht, was sie wissen. Smile. Ja, manchmal müssen wir aus unseren Ebenen etwas Spaß ins Channeling einbringen.*

Katja: *Jaja, ich kenne euch ja schon so. Aber bitte beantwortet doch trotzdem noch die Frage.*

Geistiges Lichtteam: *Mit Spaß fällt uns das Antworten leichter. Also: In euch allen wurde tiefes Wissen verankert. Dieses Wissen wurde in Demut und tiefer Liebe an euch weitergereicht. Teilweise tragt ihr Wissen aus vielen Generationen in euch, aber auch Wissen, das aus eurer Sternenheimat kommt. Wissen von verschiedenen Planeten. Dazu geben wir nach und nach mehr bekannt. Zu viel auf einmal würde den Rahmen eurer Köpfe sprengen.*

Katja: *Haha, ihr seid gut. Die Frage ist noch immer nicht beantwortet.*

Geistiges Lichtteam: *Nun, liebe Katja, was willst du hören? Eigentlich weißt du es doch schon ganz genau. Das ganze Buch ist von großer Wichtigkeit und beruht auf einer gewissen Demut in jedem, der damit zu tun bekommt. Seid euch bewusst, dass es ein Goldenes Buch ist. Das Buch eines Anfangs, der einst auf anderen Ebenen geschah.*

Katja: Wie schön! Und ich bin der Kanal, der dieses goldene Wissen weitergeben und neu eröffnen darf? Verstehe ich das richtig?

Geistiges Lichtteam: Ja, der kraftvolle Kanal bist du. Du bist so viel mehr, als du von dir denkst, Katja. Du bist eine kraftvolle Sternensaat. Ein kraftvolles Lichtwesen. Jeder, der dir begegnet, weiß und spürt das! Du wirst schon sehen, auch bei dir ist das Buch ein Anfang. Der Anfang von etwas Großem. Freu dich darauf und nimm deine Einzigartigkeit noch tiefer an. Wenn die Seele, die bei dir ist und als dein Baby heranwächst, sprechen kann, wird dir noch mehr bewusst, was du bist und hier vorhast.

Katja: In diesem Moment schaue ich auf die Insel Brissago am Lago Maggiore hinaus und weine. Ich weine vor Freude. Ich weine vor Dankbarkeit. Ich weine in tiefer Demut für meine Aufgabe hier auf der Erde. Ich weine tief berührt von all dem, was hier gerade durch mich fließt. Danke, mein liebes Lichtteam. Danke, dass ich das machen darf.

Geistiges Lichtteam: Oh, wir danken dir. Wir ehren und schätzen dich aus unseren Ebenen.

Katja: Nun noch eine Frage. Wie aktivieren die Menschen, die dieses Buch lesen, die Leylines?

Geistiges Lichtteam: Oh, das ist nicht ihre Aufgabe, das ist deine. Ihre Aufgabe ist es, diese Orte aufzusuchen, um alte Energien loszulassen und Neues für ihre eigenen Aufgaben und Wege zu empfangen. Sie sind wie Lichtsäulen, Schleusen, die sich öffnen, wenn die Menschen an die Lichtkräfte glauben.

Katja: Und all die Kirchen, Kapellen und Kraftorte, die ich mit euch und den Gesängen aktiviere, sind Orte der Kraft, Orte des Verbundenseins?

Geistiges Lichtteam: Ja, es sind auch Orte, an denen du Konzerte veranstalten kannst und wo sich Menschen aus der Seeleneinheit treffen können.

Katja: Wundervoll. Gibt es noch etwas, das die Menschen, die gerade dieses Buch lesen, zu den Leylines oder ihrem Auftrag wissen dürfen?

Geistiges Lichtteam: Wahrlich, das gibt es, liebe Katja. Doch nicht für diesmal. Versucht nicht zu verstehen, denn das würdet ihr auf der menschlichen Ebene niemals. Versucht zu vertrauen und euch hinzugeben, im Wissen, dass ihr stets begleitet seid. Manchmal versucht ihr, viel zu viel mit dem Verstand zu richten. Doch die Herzfrequenz, die Herzebene wird es richten. Immer.
Versucht euch in Momenten, wo ihr den Boden unter den Füßen zu verlieren droht, an euch als Lichtsäule zu erinnern und damit an euren Plan. Ihr alle seid Säulen, Säulen, die Himmel und Erde verbinden. Pipelines der Quelle. So erinnert euch, dass es momentan lediglich darum geht, dass ihr diese Pipelines pflegt. Wie ihr das tun könnt, werden wir euch mithilfe von Katja im Kapitel »Wie du deine Schwingung erhöhen kannst« zeigen.

Katja: Danke für eure Hilfe.

Geistiges Lichtteam: Verbunden über Welten und Dimensionen wirken wir gemeinsam. Gemeinsam in einer Einheit.

HEILUNG IN FAMILIEN

In meiner Jugend zeigte ich mich »cool«. Ich offenbarte die Seite von mir, die mein Gegenüber gern sehen wollte. Das Gute war: Ich spürte ja im Energiefeld der Menschen immer, was sie mochten. Das Schlechte war, dass ich mich damit selbst verleugnete und verletzte.

Vielleicht findest du dich darin wieder. Wir als Pioniere werden immer wieder mit Ablehnung konfrontiert, weil wir diesen Mut in uns tragen, Ungewohntes in die Welt zu bringen und Neuland zu erobern. Wir folgen unserer Mission unaufhaltsam. Viele Menschen fürchten sich vor ihrem Inneren. Sie fürchten sich vor ihren eigenen Tiefen und ihren Fehlern. Wir erinnern sie mit unserem Weg an diese Anteile. Deshalb dürfen wir uns in Momenten der Ablehnung bewusst machen: Sie lehnen nicht uns ab. In Wahrheit lehnen sie ihr Innerstes ab, weil sie denken, sie sind getrennt vom großen Ganzen.

~ **Lass sie reden. Lass sie tun. Und gib dir in solchen Momenten den größten Raum und alle Zeit, dir selbst die beste Freundin, der beste Freund zu sein.**

Oft sind unsere engsten Menschen, unsere Familie, zugleich unsere größten Meister. Auch wenn sie uns nicht verstehen und nicht annehmen können, so wie wir sind. Wir sind genau in die richtige Familienkonstellation inkarniert. In diesem Kapitel möchte ich dich ein wenig mit in meine Familie nehmen. Vieles davon kann dir vielleicht helfen, deine Familie und deinen Platz darin besser zu verstehen.

Ich kann mich noch intensiv an diesen Moment erinnern, als mein Bruder anrief und sagte: »Katja, unser Vater ist unterwegs ins Spital. Er hatte einen Herzinfarkt.« Ein Schock. Total. Ein Moment, in dem ich einfach nur ein Mensch war, meine Fähigkeit, mehr wahrzunehmen, blieb vollkommen auf »Stand-by«.

Wir wussten nicht, was mit unserem Vater geschieht. Wir hatten keine näheren Infos von den Ärzten und wussten nicht, ob er überlebt oder nicht. Ich ließ sofort alles stehen und liegen und fuhr mit dem Auto ins Spital nach St. Gallen. In Zürich war Stau – der längste Stau in meinem Leben. Ich wurde auf die Probe gestellt, dem Leben, dem Universum einmal mehr zu vertrauen. Unterwegs sandte ich meinem Vater diverse »Healings«. Ich versuchte, mit seiner Seele in Kontakt zu treten, und sagte ihr die ganze Zeit: »Papi, ich brauche dich noch hier. Deine Zeit ist nicht abgelaufen. Halte durch. Ich liebe dich!« Diese Worte wiederholte ich gefühlt Tausende Male. Gleichzeitig bat ich alle Engel, alle höheren Erzengel und Gott um Hilfe, ihn zu schützen und zu begleiten.

Mein Bruder rief nochmals an und sagte mir erstaunlicherweise genau das, was ich von meinem geistigen Lichtteam die ganze Zeit über im Auto gehört hatte: »Papi wird es schaffen. Es ist alles gut!«

Ich spürte dieses tiefe Vertrauen in mir, das anscheinend auch mein Bruder zu diesem Zeitpunkt in sich hatte. Er wusste nur nicht, warum er es spürte. Für ihn war das normal. Er erzählte mir oft von Schleiern oder Wolken, die er manchmal über den Köpfen von Menschen spürte. Er erzählte dies in einer großen Selbstverständlichkeit, ohne es an die große Glocke zu hängen. Sicher schlummert in ihm die Fähigkeit, die Aura zu sehen.

Für meinen Bruder sind viele Dinge normal. Er verkörpert für mich die Präsenz eines wahren Meisters. Ich spüre tief in mir, dass er noch viel mehr weiß und viel mehr mit in dieses Leben gebracht hat als ich. Irgendwann wird er seine Kräfte wohl einsetzen. Zurzeit hält er sich noch zurück.

WORTE AN MEINEN BRUDER

Diese Worte möchte ich innig an meinen wundervollen Bruder, meinen Lehrer und Meister, richten. Ich möchte diese Zeilen dir widmen, mein lieber Bruder, aber auch allen Männern, die sich noch zurückhalten, aus Angst vor ihrer wahren Stärke:

»Mein lieber Bruder. Ich weiß, es ist nicht einfach, als Mann zu seiner Feinfühligkeit zu stehen. Ich weiß, es ist nicht einfach, als Mann seine sensible Seite zu zeigen. Und doch glaube ich, dass genau dies deine Aufgabe ist. Du mit deinem weisen Wesen und deiner beruhigenden Art, du berührst Menschen und bringst sie zurück in die innere Ruhe. Du hast die Möglichkeit, mit deiner Präsenz tiefe Erdung in die Felder der Menschen zu bringen. Wenn ich mit dir in den Bergen bin und draußen an der Wand klettere, fühle ich mich verbunden. Verbunden mit Mutter Erde. Ich liebe an dir vor allem deine ruhige Art. Wenn ich dich sehe, fühle ich in mir ein tiefes Ankommen.
Ich liebe außerdem deine Bescheidenheit und deine vorausschauende Art. Du bist für mich ein kraftvoller Meister und wirst es immer bleiben. Auch wenn du noch nicht weißt, was du wirklich in diese Welt mitbringst, fühle ich, dass deine Zeit kommen wird. Ich werde da sein und dich unterstützen. Ich werde da sein und dich umarmen, dich begleiten. Damit du Ja zu dir und deinen Talenten sagen kannst. Ich werde da sein als deine große Schwester und dich behüten und gleichzeitig von dir lernen. Ich liebe dich, mein Bruder.«

Unser Vater zeigte uns stets die Schönheit der Berge und dass das Leben aus so vielen wundervollen Abenteuern in der Natur bestehen kann. Ich bin ihm dafür unendlich dankbar. Auch wenn ich als Kind manchmal nicht so lange wandern wollte und immer wieder nachfragte: »Papi, wie lange geht es noch!?«, fühle ich heute, dass genau diese Touren mich tief erdeten und mir das menschliche Leben auf der Erde näherbrachten.

Doch zurück zum Spital. Endlich dort angekommen versperrte mir ein Mann seelenruhig den Parkplatz und ich musste nach einem weiteren suchen. Das prüfte mich echt. Ich musste ruhig bleiben und vertrauen. Noch heute kenne ich das: Wenn etwas Schlimmes passiert, werde ich oft in meinem Vertrauen geprüft.

Vor der Intensivstation schloss ich als Erstes meinen Bruder in die Arme. Er war ganz ruhig und strahlte für mich eine enorme Sicherheit aus. Das hat mein Bruder so an sich, wenn es brenzlig wird. Er ist auch dann stets in vollster Gelassenheit. Andere würden in solchen Momenten durchdrehen. Ich versuchte, mich zusammenzunehmen und nicht gleich zu weinen. Als ich endlich meinen Vater sah, ganz bleich und doch atmend, angeschlossen an viele Schläuche, umarmte ich ihn und er weinte mit uns. Wir als Familie: mein Vater, mein Bruder, die Freundin meines Vaters, ihre Kinder und ich. Es war eine sehr schöne Schwingung im Raum, voller Liebe und Geborgenheit. Dieser Moment des Verbundenseins war so enorm berührend und die Gefühle, die ich dabei verspürte, werde ich mein Leben lang nie vergessen.

Bevor ich zu Hause losfuhr, hatte ich für meinen Vater noch einen Heilstein eingepackt. Ich wusste, ich würde ihn brauchen, um ihm damit ein »Proxy« zu machen: einen mit guten Energien aufgeladenen Gegenstand, der einem Menschen Heilung auf allen Ebenen bringt. Ich bat mein geistiges Lichtteam und Erzengel Michael sowie Erzengel Raphael um Hilfe, diesen Stein mit der höchsten Licht- und Heilenergie für meinen Vater

aufzuladen. Ich erhielt die Nachricht von meinem Lichtteam, dass mein Vater den Stein in seine linke Hand nehmen und ihn so oft wie möglich einfach halten solle.

Ich wusste nicht, wie ich meinem Vater mitteilen sollte, dass dieser Stein ihm Heilung bringen würde, denn bis zu diesem Tag hatte mein Vater zwar an mich geglaubt, nicht jedoch an die Heilkräfte, die durch mich flossen.

Ich schaute meinen Vater mit Tränen in den Augen an und sagte: »Papi, ich habe was für dich. Bitte nimm diesen Stein in deine linke Hand und halte ihn, so oft du kannst. Er wird dir Kraft geben!«

Zu meinem Erstaunen nahm mein Vater das Geschenk ohne Wenn und Aber an und nickte weinend. In der nächsten Nacht erhielt ich von ihm eine Nachricht: »Danke, Katja. Dein Stein gibt mir Kraft!«

Es waren nur diese Zeilen, doch die Worte schenkten wiederum mir so viel Heilung. Ich hatte es immer hart gefunden, dass mein Vater zwar an mich glaubte, jedoch nicht wirklich wusste, was da in mir schlummerte. Er konnte es bis zu diesem Zeitpunkt einfach nicht einordnen, obwohl er von Natur aus ein Herzmensch ist.

Mein Vater wurde nach wenigen Tagen in ein anderes Spital verlegt. Hier wurde er eine lange Zeit stationär versorgt. Ich fuhr fast jeden Tag zu ihm und versuchte auch seine geschäftlichen Dinge zu erledigen. Meine Kunden mussten warten, ich verschob alle Sitzungen auf unbestimmte Zeit.

Ich weiß gar nicht mehr, nach wie vielen Tagen mein Vater endlich wieder nach Hause konnte, doch für eines bin ich zutiefst dankbar: dass wir als Familie nochmals Zeit erhalten hatten. Gemeinsame Zeit, die so wertvoll ist. Danke, Universum!

Nach dem Spital wurde mein Vater in die Reha verlegt. Er erholte sich erstaunlich gut. Sogar die Ärzte sagten, es sei außergewöhnlich, wie schnell er wieder auf die Beine komme. Nun, sie wussten natürlich nicht, dass ich meinem Vater täglich Heilenergien sandte.

Als ich ihn mal wieder in der Reha besuchte, sagte er mir, er habe den Ärzten gesagt, seine Tochter sei seine Heilerin gewesen. Ich schluckte leer. Mein Vater spürte, dass ich ihm Heilung sandte! Ohne dass ich es ihm gesagt hätte. Dieser Satz von ihm erfüllte mich so tief mit Dankbarkeit, dass ich auf dem Nachhauseweg im Auto nur weinen konnte. Vor Dankbarkeit, dass mein Vater endlich fühlen und erkennen konnte, dass mein Sein und Tun Hand und Fuß hat und auch ankommt.

Auch wenn mein Vater noch heute nicht so genau versteht, wie meine Arbeit, mein Wirken funktioniert, spüre ich seinen Stolz. Ich weiß, dass er hinter mir steht, und das ist alles, was ich brauche. Mein Vater muss nicht alles in meinem Leben verstehen, es reicht mir, wenn er mit seiner schützenden und kraftvollen Wärme hinter mir steht.

Vielleicht hast auch du solche Erlebnisse mit deinem Vater. Vielleicht ist es aber auch ganz schwierig für dich und dein Vater nimmt deine Präsenz nicht ernst. Bitte hab Vertrauen. Hab Vertrauen, dass irgendwann der Moment kommen wird, wo dein Vater dich annimmt. Er wäre nicht dein Vater, wenn er es nicht tun würde. Als Vater ist er dein Schutz. Er ist der Teil in deinem Leben, der dir Schutz und Zuversicht gibt, das ist die Aufgabe eines Vaters. Manchmal haben unsere Väter das vergessen, auch das dürfen wir ihnen nicht übel nehmen, auch sie sind hier, um zu lernen. Und manchmal dürfen wir von unseren Vätern lernen, auch wenn wir noch nicht wissen, was die Lehre aus der Vater-Tochter- oder Vater-Sohn-Beziehung ist.

Nicht immer ist eine solche Beziehung einfach. Eines kann ich dir jedoch aus eigener Erfahrung sagen: Dein Vater wird dann hinter dir stehen, wenn er spürt, dass du wirklich deinen Weg gehst. Und wenn er es noch nicht tut, bist du vielleicht noch nicht ganz bereit, dein volles Licht zu leben. Irgendetwas in dir wehrt dein Sein noch ab. Ab dem Moment, als ich voll und ganz hinter mir stand, stand es erstaunlicherweise auch mein Vater.

Heute ist es so berührend, zu fühlen und zu sehen, wie mein Vater immer mehr zum Herzmenschen wird. Der Herzinfarkt schenkte ihm eine tiefe Herzöffnung, die ihn noch dankbarer für sein Leben machte und auch seinen Emotionen einen freieren Lauf ließ.

Heute schreibt er fast in jeder SMS an mich: »Ich liebe dich« oder »Ich bin stolz auf dich«. Das berührt mich tief, ich bin voller Dankbarkeit für diese wundervolle Verbindung, die ich mit meinem Vater habe.

Danke, dass du mein Papi bist. Wenn du dieses Buch liest, möchte ich dir an dieser Stelle etwas sagen. Dass ich es öffentlich tue, geschieht aus dem

Mut heraus, damit anderen Frauen und ihren Vätern helfen zu wollen. Diese Worte sind an dich, mein wundervoller Papi, gerichtet und an alle Väter, die dieses Buch lesen:

ZEILEN AN MEINEN VATER

»Lieber Papi, an dieser Stelle möchte ich dir aus tiefstem Herzen Danke dafür sagen, dass ich durch dich inkarnieren durfte. Ich weiß, es ist nicht immer einfach, eine Tochter auf ihrem Weg zu begleiten. Es war nicht immer einfach für dich zu sehen, welche neuen Wege ich ging. Deine Glaubensmuster und die deiner Vorfahren waren so tief, wie in Stein gemeißelt. Man hat nur das getan, was man tun durfte, was man glauben konnte.

Ich weiß, es war nicht einfach für dich, deine Tochter als Heilerin zu sehen. Nicht zu verstehen, welchen Weg sie da nun einschlug. Ich spürte in so manchen Momenten: Du wolltest am liebsten, dass ich einfach ein normales Mädchen bin. Ein Mädchen, das tat, was man von ihr verlangte, und das nicht aus dem Rahmen fiel.

Ich kann dich so gut verstehen, Papi, doch dafür bin ich nicht hier. Dafür bist du nicht mein Vater. Dafür sind wir nicht gemeinsam inkarniert. Nein, wir sind gemeinsam hier, um noch viel Größeres zu erreichen. Um gemeinsam noch Größeres zu erleben. Und ich weine tief, wenn ich dir, Papi, diese Zeilen schreibe, denn ich weiß, dass ich dich genau richtig ausgesucht habe. Ich dich als Papi und du mich als Tochter. Dass wir gemeinsam so stark sind und ich dich aus tiefstem Herzen liebe. Danke, dass du mich lehrst, jeden Tag noch stärker zu werden. Jeden Tag meinen Plan weiter auszuführen und mich noch mehr mit der Erde zu verbinden. Ich liebe dich. Deine Tochter.«

Nach diesen Zeilen muss ich einen Moment innehalten. Ich muss mich fassen, denn jede Zeile, die ich da gerade geschrieben habe, berührt die Tiefe meines inneren Kerns. Ich kann dir nicht sagen, warum. Eines spüre ich: Unsere Väter helfen uns auch dabei, uns mit unserer Urkraft als Frau zu verbinden. Auch unsere Mütter tun das, aber auf eine andere Art.

ZEILEN AN MEINE MUTTER

Mütter triggern uns, sie lassen unsere innersten Wunden spürbar werden und beschützen uns zugleich mit ihrem Urinstinkt vor Themen, die sie selbst noch nicht lösen konnten. Sie tun dies in einer solch wunderbaren Art, dass es uns manchmal auch Angst macht, uns ganz in ihre Arme zu geben. Diese Zeilen widme ich dir, mein wundervolles, kraftvolles Mami, und allen anderen Müttern.

»Liebes Mami, ich weiß, du bist stolz auf mein Sein, mein Wirken und meine Entwicklung. Manchmal hast du aber auch mit deinen Themen zu kämpfen. Du hast zu kämpfen, dass ich in einer so rasanten Geschwindigkeit nach vorn gehe und hinaustrete, dass es dir manchmal wehtut, weil du denkst, du bist weniger wert als ich.

Nein, das bist du nicht. Das wirst du niemals sein. Du, mein liebes Mami, hast mir den Nährboden geschenkt, genau das zu sein, was ich heute bin. Du hast mir den Weg geebnet, meinem Wirken zu vertrauen. Du hast mir die Liebe geschenkt, genau das zu leben, was ich bin und was ich verdient habe. Du hast mich gelehrt, meinem Herzen zu folgen und meiner Intuition zu vertrauen. Auch wenn du mich manches Mal hast in den Graben laufen lassen und zusehen musstest, wie ich scheitere. Du, mein liebes

Mami, hast es geschafft, mich auf eine neue Ebene zu begleiten. Du hast es geschafft, mir die Augen zu öffnen und mir den Frieden zu schenken, dass ich die leben darf, die ich bin. Ich bin so unendlich stolz auf dich. Ich bin so unendlich stolz darauf, dich als meine Mutter ausgewählt zu haben.

Und ich spüre, deine Weisheit wird nun mit deinem Großmuttersein noch tiefer nach außen treten können. So wie ein Regenbogen, der in jeder Farbe eine neue Facette mit sich bringt und eine neue Ebene bewegt. Du bist für mich nicht nur Mutter, du bist für mich die weise Frau, die in wichtigen Eckmomenten des Lebens die Übersicht behält und kraftvoll und würdevoll andere Menschen führen kann. Du trägst uraltes Wissen mit deiner Seele und lebst dieses Wissen von Tag zu Tag, auch in Verbundenheit mit deinem Enkel, immer mehr, weil die Liebe zwischen meinem Sohn und dir dein Licht noch tiefer offenbart.

Es ist wie ein unsichtbarer Faden, eine unsichtbare Stimme in deinem Herzen, die nun neue Netze eröffnet und dir neue Wege zeigt, wie auch du Menschen auf deine ureigene Weise berühren kannst. Ich staune über deinen Mut, so oft immer wieder neu in deinem Leben zu beginnen. Ich staune über deinen Mut, der Liebe immer wieder auf eine neue Weise zu begegnen. Und so ehre und schätze ich dich aus der Tiefe meines Inneren. Möge deine Weisheit viele Frauen erreichen und ihnen liebevoll, aber auch erweckend beiseitestehen.

Ich liebe dich aus der tiefsten Urkraft meines Wesens. Jede Zelle meines Wesens erinnert deine Seele. Jede Zelle deines Wesens erinnert mein Wesen. In tiefer Verbundenheit, deine Tochter!«

Worte tragen Energie in sich. Jedes einzelne Wort verkörpert eine andere Energie. Auch Orte oder Gegenstände strahlen Energie aus.

Als meine Mutter zum ersten Mal erkannte, dass ich mehr wahrnehme als andere, war ich sechzehn und fühlte, dass sie in ihrer Partnerschaft nicht glücklich war. Ich hörte auf der Treppe zu, wie sie mit meinem Stiefvater ein aufgeregtes Gespräch führte. Irgendwann fühlte ich, dass ich ihr etwas sagen musste, dass ich etwas aussprechen musste. Ich rief von der Treppe hinunter: »Mami, folge deinem Herzen!«

Dieser Satz brachte meine Mutter zum Weinen und sie fühlte mit der Energie meiner Worte in ihren Körper hinein. Sie fühlte in diesem Moment eine große Kraft und traf ihre Entscheidung, sich von ihrem zweiten Mann zu trennen. Sie erinnert mich noch heute manchmal an diesen Tag. Er hat ihr geholfen, ihrem Herzen zu folgen.

DIE HEILUNG DEINER AHNENLINIE

Liebe feinfühlige Leserin, lieber feinfühliger Leser, an dieser Stelle wünsche ich mir für dich, dass du deine Ahnenlinie heilen kannst, dass du Familienthemen loslassen und dir und deiner Familie, deinen Ahnen vergeben kannst. Ich wünsche mir, dass du einsiehst, dass alles einen Sinn hat. Auch wenn gewisse Familienstrukturen Schmerz verursachen und tiefe Wunden reißen oder neu aufleben lassen, wünsche ich mir, dass du erkennst, dass all diese schmerzenden Wunden ein Teil von dir, von euch sind. Und dass sie dir helfen können, deine wahre Urkraft zu leben.

Gerade jetzt ist mein Großvater wieder bei mir und übergibt mir eine Botschaft von den Elohim-Engeln. Es sind kraftvolle Engel des Wandels:

Ihr, die ihr hier seid, um die Welt zu verändern

Ihr, die ihr hier seid, um eure Ahnenlinie zu heilen, vertraut dem goldenen Licht, das euch umhüllt. Vertraut dem goldenen Kanal, der durch euch sprechen möchte, und vertraut den Namashai-Engeln (um sie geht es im nächsten Kapitel), die euch führen werden. Wir, die Einheit. Ihr, die Einheit. Wir verbinden uns.
Wir erleben ein Verschmelzen. Ein Öffnen und ein Befrieden in Leichtigkeit und Freiheit. Möget ihr die Weisheit finden, das Umfeld eures Feldes zu reinigen und in Liebe neu auszurichten. So sei es. Danke.

Ich tauche tiefer in das Channeling ein, um weitere Botschaften zu übermitteln. Mögen die folgenden Zeilen allen Heilung schenken, die dieses Buch lesen. Möge mit den folgenden Worten eine Welle des Lichts und der Geborgenheit nach außen strömen, um ein kraftvolles neues Feld zu erschaffen, fruchtbar für neue Projekte, neue Werte und neue Weisheiten.
Lies dir die folgenden Zeilen immer mal wieder laut vor und spüre die Weisheit und Wahrheit. Wenn du »Ich« sagst, fühle, wie du dich öffnest und von Tag zu Tag mehr zulässt, dass deine Würde und dein ureigener Wert immer mehr gedeihen und sich erinnern dürfen. Mögen diese Worte Worte der Kraft für dich sein. Worte, die dir die Wunder deines Wesens näherbringen, um die verstaubten Türen deines Menschseins zu öffnen.

Gekommen, um zu verändern

Gekommen, um andere mehr erkennen zu lassen. Gekommen, um zu offenbaren. Gekommen, um neu zu erschaffen, bin ich nun hier. Hier auf dieser Erde. Und ich erkenne. Erkenne, dass ein Plan, eine Mission in mir schlummert. Wie dieser Plan, diese Mission aussieht, kann ich noch nicht ganz fassen, doch weiß ich in meinem tiefsten Inneren, dass es mir Schritt für Schritt offenbart wird. Ich werde gesehen, um zu öffnen. gesehen, um zu verbinden. So sei es. Danke.

In den letzten Jahren, genau genommen seit Beginn meiner Selbstständigkeit, durfte ich immer wieder mit einer Engelsgruppe in Kontakt treten und ihre wertvollen Botschaften channeln. Immer wieder haben sie sich gezeigt, doch in »Google« fand ich sie nie. Als ich sie dort suchte, schmunzelten sie und fragten: »Katja, glaubst du wirklich, du findest unser wertvolles Wissen auf euren Ebenen öffentlich im Internet!?«

Ja, in unserer heutigen Gesellschaft »googeln« wir viel und oftmals vertrauen wir vor allem den Quellen aus dem Internet. Auf meinem Weg des Erwachens und Erkennens, auf dem ich mich noch immer befinde, habe ich eines gelernt: nämlich jede Information, die mir gegeben wird oder die ich lese, mit meinem Herzen zu prüfen. Wie schon erwähnt hat jeder von uns seine eigene Wahrheit und es ist Teil unseres Plans, die eigene Wahrheit zu erkennen, zu fühlen und zu leben. Und genau dabei begleitet uns die Engelsgruppe, von der ich sprach: die Namashai.

DIE NAMASHAI-ENGEL

Die Namashai sind eine Einheit von Engeln, die früher einmal als lemurische Priester inkarniert waren. Die Existenz dieser Engel wurde lange nicht offenbart, denn die entsprechende Lehre stammt aus einem alten heiligen, dem schon erwähnten Goldenen Buch, das noch vor der Bibel bekannt war. Es wurde den Menschen verwehrt, es wurde verleugnet. Nun ist es Zeit, dieses uralte Wissen wieder wahrzunehmen.

Auf meiner Website findest du auch einen Gesang zu den Namashai-Engeln (siehe QR-Code am Buchende). Lausche diesen Klängen. Erinnere dich. Erinnere dich an dein Sein, deinen Ursprung. Mögen meine Klänge dich im Inneren umarmen, wie eine Melodie, die dich trägt und umhüllt. Mögen die Frequenzen dich durchströmen und jede Zelle deines Seins berühren und erwecken. Es ist Zeit – die goldene Zeit.

Wir sind gekommen, um zuzulassen. Verbinden wir uns nun auf allen Ebenen, um unsere Kräfte zu vereinen, sie neu aufleben zu lassen und einen Schritt nach vorn zu treten. Gemeinsam.

In diesem Moment sehe ich wieder die Klippe, auf der wir stehen. Ich sehe das Sonnenlicht, das uns entgegenscheint. Ich sehe eine große Menge an Menschen, Wesen, Hand in Hand auf dieser Klippe. Wir halten uns an den Händen und gehen einen Schritt nach vorn. Das Gefühl, das ich dabei spüre, ist unbeschreiblich, wie nicht von dieser Welt. Doch in diesem Moment antwortet die Erde. Ein donnerndes Geräusch geht ins Universum hinaus, wie eine Welle des Erwachens.

Es ist Zeit. Es ist die goldene Zeit, erinnere dich. Jetzt.

Ein Gespräch mit den Namashai-Engeln

Katja: *Wo haben die Namashai ihre Herkunft?*

Die Namashai-Engel: *Wie schön, dass wir nun endlich durch dich sprechen dürfen, du wundervolle Seele. Wie schön, dass du endlich zulässt, wer du bist.*
Die Namashai-Gruppe ist eine Einheit engelhafter Wesen, die viele von euch Seelen in vorherigen Dimensionen gelehrt und auf diese Zeit des Erwachens vorbereitet haben. Bevor ihr auf diese Erde gekommen seid, hattet ihre eine Schulung, die auf Licht und Schatten basierte. Ihr musstet lernen, dass hier unten zwei Pole vorherrschen. Licht und Schatten. Dies existiert in unseren Ebenen nicht. Hier ist alles reines Licht und wir sind voller Wertschätzung. Bei euch auf der Erde ist Wertschätzung ein sehr weites und nicht ganz eindeutiges Thema. Oft spielt hier euer Ego, euer Verstand mit hinein.
Erinnert euch, dass der Verstand, das Ego für euch als Menschen ein Instrument ist, genauso wie eure Herzen auch Instrumente sind. Es geht immer darum, wie ihr diese Instrumente gebraucht.

Katja: *Sehr spannend. Was wollt ihr damit sagen?*

Die Namashai-Engel: *Ihre alle tragt in euren Herzen das Wissen von uns.*

Lernt ihr, euren Fokus darauf zu lenken und uns täglich darum zu bitten, euch zu helfen und euch zu erinnern, werdet ihr immer freier werden. Ihr habt einfach vergessen, euch das Freisein zu erlauben.
Denkt an den Moment, als wir alle als eine Einheit auf dieser Klippe gestanden haben. Habt ihr euch da gefragt, ob ihr es schafft? Habt ihr euch da gefragt, ob etwas schieflaufen könnte? Nein, denn ihr wart in diesem Moment so tief verbunden mit der Geborgenheit dieser Einheit, dass Zweifel keine Chance hatten, sondern nur reine Liebe und Demut eure Herzen erfasste. Ihr seid noch heute verbunden. Die Ebene ist einfach eine andere. Nun, deshalb wollen wir euch erinnern.
Eure Stärke liegt im Erkennen und Zulassen. Egal, in welcher Situation ihr seid, es geht immer ums Erkennen oder Zulassen. Versteht ihr?

Katja: *Ja, so habe ich das noch nie gehört. Stimmt. Erkennen eines Prozesses und Zulassen eines Prozesses. Zulassen einer Situation und Erkennen einer Aufgabe, oder?*

Die Namashai-Engel: *Genau, liebe Lamanda. (Das ist mein Seelenname, mit dem ich oft von den Engeln angesprochen werde.)*

Katja: *Was ist unsere Aufgabe für unsere Zeit auf der Erde?*

Die Namashai-Engel: *Nun, es gibt verschiedene Arten von Aufgaben, die zu einem Leben gehören können. Jede Seele trägt ihre Aufgabe im Herzen. Die globale Aufgabe ist jedoch ganz klar und rein, der Erde in diesem Bewusstseinswandel zu helfen, der mit dem Codewort »Corona« verbunden ist. Meint ihr, Corona sei ohne Grund hier? Meint ihr, Corona hätte keine Aufgabe? Corona hat die Aufgabe, euch in der Tiefe zu erwecken.*

Katja: *Was lernen wir Menschen in dieser Zeit?*

Die Namashai-Engel: *Dass nur ein Miteinander zu einer neuen Erde, zu einer neuen Zukunft führen kann. Nur Solidarität erschafft euch wahre Freiheit. Und nur das Erkennen und Zulassen eurer inneren Wahrheit lässt euch längerfristig frei werden. Frei im Geist, frei im Denken und Handeln. Geht voran und lehrt, was wir euch einst gelehrt haben.*
Hier geben wir euch das Wort »Nurium schai« mit. Es bedeutet:
»Strahlt, erstrahlt, jetzt.«

Katja: *Wow, wie schön! Ich spüre gerade eine Welle der Freiheit. Eine Welle der Einheit. Danke.*

Die Namashai-Engel: *Mögest du, liebe Leserin, lieber Leser, die Welle der Reinigung und Freiheit nun auch in dir spüren. Atme in diesem Moment ganz tief in deinen Herzraum ein und erlaube dir, frei zu sein, frei in dir und frei um dich. Atme. Fühle die Fülle in dir und sage dir laut: »Ich erlaube mir die Fülle der Freiheit und ich lebe sie jetzt auf meine einzigartige Weise. So sei es. Danke.«*

Katja: *Wundervoll. So ist also die Freiheit eines der großen Ziele von uns Menschen?*

Die Namashai-Engel: *Oh ja, in den nächsten Jahren mehr denn je. Es ist die Freiheit, die euch aus alten Konstrukten und festgefahrenen Systemen schleudert. Es ist die Freiheit, die niemals richtet, die jedem Menschen Freiräume lässt und trotzdem jeden erkennen lässt, dass Respekt und Achtsamkeit zu den wichtigsten Instrumenten einer Gesellschaft gehören.*

Katja: *Gibt es denn etwas, was wir konkret tun können, um uns noch tiefer mit unserer Freiheit zu verbinden? Ich nehme an, dass die Freiheit zuerst über unser Innerstes aktiviert wird, richtig?*

Die Namashai-Engel: *So ist es, liebe Lamanda. Schaut, Freiheit ist der Teil in euch, der sich danach sehnt, neue Räume zu eröffnen, Räume des Vertrauens, Räume der Hingabe und Räume der Neuausrichtung. Es wird Zeit, auf eurer Erde noch tiefer zu erkennen und das Feld hin zu unseren Dimensionen zu öffnen.*

Katja: *Was meint ihr damit, dass wir das Feld hin zu euren Dimensionen öffnen sollen?*

Die Namashai-Engel: *Nun, wir sind verbunden, wir waren es immer und werden es immer sein. Nur sind wir in einer anderen Dimension. Ihr könnt euch das im menschlichen Verstand so vorstellen, dass wir in einer anderen Matrix stecken. Einer Matrix, die noch viel mehr Möglichkeiten hat, als ihr in eurer Matrix habt.*

Katja: *Was meint ihr mit Matrix?*

Die Namashai-Engel: *Eine Matrix ist ein Zusammenspiel von Energien. Eine Art Netzwerk von verschiedenen Elementen und einzelnen Molekülen. Es ist eine Art Programmierung, wie ihr es auf euren Ebenen nennt. Stellt es euch so vor wie einen Computer, ein System, das einzelne Programme in sich trägt.*
Wir auf unseren Ebenen haben die Programme noch viel offener gestaltet und haben mehr Möglichkeiten, uns als Wesen zu entwickeln. Da ihr auf eurer Erde noch den physischen Körper habt, ist die Weiterentwicklung, die Freiheit, das Feld der Möglichkeiten etwas eingeschränkt.

Das heißt nicht, dass es in eurem Geist, eurem Verstand, in eurem Bewusstsein nicht die Möglichkeit gibt, Grenzen zu sprengen. Wahrlich gibt es diese, doch sie sind eben nicht so leicht zugänglich wie auf unseren Ebenen.

Katja: Sehr gut und auch verständlich beschrieben. Wenn wir das jetzt mit der Freiheit auf der Erde in Verbindung bringen: Was können wir konkret als Menschen in der jetzigen Entwicklungsphase tun, um unsere Matrix, unser Quantenfeld zu erweitern und unser globales Bewusstsein auszudehnen?

Die Namashai-Engel: *Zurzeit habt ihr die Möglichkeit, über eure Träume vieles neu auszurichten. Ihr habt die Möglichkeit, in einem Traum mit uns in Kontakt zu treten, eure Aufgaben darin zu erkennen und in eurem Energiesystem, eurer DNA zu verankern. Das heißt, ihr könnt euch vor dem Schlafengehen auf ein Blatt Papier das folgende Symbol zeichnen.*

Um das Symbol herum schreibt ihr eure Fragen an unsere Ebenen und wir versuchen mit euch und eurer Seele in den Nächten in Kontakt zu treten. Erwartet keine sofortige Antwort. Manchmal dauert es länger, aus unseren Ebenen heraus Informationen und Botschaften an euch zu übermitteln. Das hat damit zu tun, dass euer System oft nicht so rein ist. Genau genommen seid ihr immer noch in der Entwicklungsphase, die übrigens im Jahr 2012 begonnen hat, als viel davon geredet wurde, dass die Erde untergehen wird, weil der Maya-Kalender zu Ende war.
Noch immer versuchen wir aus unseren Ebenen, eure globalen Felder, eure globale Matrix, eure globalen feinstofflichen Netze, die euch untereinander verbinden, zu reinigen. Was jeder Einzelne von euch konkret tun kann, ist, dass ihr beginnt, eure Körper in eine höhere Schwingung zu bringen. Wie ihr das tun könnt, beschreiben wir mit Katja im nächsten Kapitel.

Katja: *An dieser Stelle fühle ich, dass ich von unserem gemeinsamen Traum mit der Salzstreuung erzählen möchte. Ist das für euch okay?*

Die Namashai-Engel: *Oh, natürlich, darauf warten wir. Darauf warten die Leserinnen und Leser!*

Katja: Danke.

Da gab es eine Nacht, als ich ziemlich intensiv mit den Namashai-Engeln in Kontakt treten durfte. Es fühlte sich so an, als ob der Traum Realität war. Ich fühlte zwar, dass ich im Traum war, jedoch konnte ich erkennen, dass ich die Infos und Bilder unbedingt in den Wachzustand mitnehmen musste. So versuchte ich, meinem Geist einzureden, diese Info abzuspeichern. Es gelang mir und nun möchte ich dich in meinen Traum einweihen und dir von meinen Erlebnissen und Bildern erzählen.

Ich war mit einer großen Menge von Menschen von vielen Wäldern und Bergen umgeben. Wir warteten. Es fühlte sich an, als ob ein Ereignis bevorstand. Wir bildeten alle zusammen einen großen Kreis. Es war ein sehr vertrauter Kreis, es fühlte sich wie eine Familie an. Es waren Tausende, ja Zehntausende oder mehr Menschen, Wesen, die sich da an diesem Ort, umgeben von hohen Klippen, versammelt hatten. Es war ein lauer Abend und die Sonne ging gerade unter, als auf einmal am Himmel eine Art Raumschiff erschien. Es streute eine weiße Masse um unseren Kreis.

Ich ging näher hin, denn ich wollte wissen, was das für eine Masse war. Es war Salz. In diesem Moment wurde mir bewusst, dass ich träumte, doch ich verstand die Botschaft dahinter. Ich wachte auf und wusste: Es war ein Schutz. Eine Art feinstofflicher Schutz für die Coronazeit.

Diesen Traum träumte ich in den Anfängen der Krise im März 2020, als der erste Lockdown verkündet wurde. Der Salzkreis symbolisierte mir, dass wir geschützt waren. Ich selbst, meine physische Familie und auch meine Seelenfamilie, all diese Menschen, Wesen, Seelen, die ich in diesem Kreis gesehen habe.

Dieser Traum schenkte mir während der ganzen Coronazeit ein tiefes Vertrauen und auch Sicherheit. Vielleicht fühlst du in diesem Moment noch mehr zu meinem Traum. Ich bin mir sicher, auf irgendeiner Ebene kannst du dich darin finden. Auch wenn du vielleicht jetzt noch nicht weißt oder noch nicht einmal ahnst, auf welcher.

Ich kann dir nicht sagen, was vor uns liegt, was uns die Zukunft bringt. Eines kann ich jedoch tief in meinem Herzen fühlen: Wir sind inkarniert, um neue Werte auf dieser Erde zu verankern. Und ich fühle, wir sind viele. Sehr viele! Und es wird Zeit, dass wir uns wieder erinnern, dass es unsere ureigenen Werte sind, die auf dieser Erde eine neue Heimat finden dürfen. Vertreten und äußern wir unsere eigenen Wahrnehmungen und Werte, öffnen wir damit das globale Feld und erkennen, dass da draußen im Universum noch so viel mehr auf uns wartet, als wir es uns jemals vorstellen könnten.

UNSER WERT

Eine der größten Herausforderungen war es für mich, wie du bereits weißt, anzuerkennen, dass ich anders bin und dass ich so fühlen darf, wie ich fühle. So oft habe ich meinen Wert nur oberflächlich und durch die Augen anderer betrachtet. Ich richtete mich lange nach gesellschaftlichen Vorgaben, weil man es halt so tut.

Doch irgendwann, zuerst wohl auf meiner bereits beschriebenen Asienreise, spürte ich, dass es an der Zeit war, alte Wahrheiten loszulassen. Es war – und ist – an der Zeit für uns alle, dass wir in unsere eigene Wahrheit finden und diese alten, uns auferlegten, fremdbestimmten Wahrheiten Schritt für Schritt aus unserem Energiefeld verabschieden. Wenn wir aus diesen alten Mustern ausbrechen, werden uns viele nachfolgende Generationen danken. Ich spüre, dass wir genau dafür hier sind: um Muster der Generationen vor uns zu heilen.

Deinen Wert erkennen

Lass uns deinem Wert nun mit einer Übung begegnen. Wenn du möchtest, stell dich vor einen Spiegel und sprich die folgenden Worte laut aus:
»Ich bin weitaus mehr, als ich von mir denke. Ich bin lichtvoll und kraftvoll. Ich bin schöpferisch und groß. Heute erlaube ich mir, meine volle Lichtstärke zu leben. Das ist mein Geburtsrecht und ich erlaube mir Fülle im Innen und im Außen. Danke!«
Wiederhole diesen Satz dreimal und schau dir dabei ganz tief in die Augen. Es ist okay, wenn du weinst. Es kann aber auch sein, dass du wütend wirst. Oder es kann plötzlich sein, dass du eine tiefe innere Verbundenheit und Ruhe spürst. Du wirst genau das spüren, was es bei dir ist, und es darf mit diesen Worten geheilt werden, was zum höchsten Wohle deines Seins ist. Lass alles raus, was da noch sitzt und dich belastet.

Wenn du diese Übung einige Tage lang machst, wirst du spüren, dass da in dir etwas ins Rollen kommt. Du wirst spüren, dass in dir ein großes Licht wiederentfacht wird. Ein Licht, das dir Selbstheilung schenken wird und die Erlaubnis, alles zu sein, was du dir wünschst.
Wenn du dir mit einem offenen Herzen erlaubst, Raum in dir und deinem menschlichen Dasein zu schaffen, wirst du erleben, wie deine Kraft auf einer ganz anderen Ebene offenbar wird. Du lieber feinfühliger Mensch bist so viel stärker, wenn du dir selbst die Erlaubnis schenkst, groß zu sein, groß zu denken und groß zu handeln.
Damit meine ich kein aufgesetztes Gehabe oder »protziges« Angeben mit deinen Fähigkeiten, nein, ich meine die Natürlichkeit deines Selbst. Ich meine den Raum deines Seins. Ich meine den Raum, in dem deine Seele

auch hier auf Erden gedeihen und wachsen kann. Ich spüre, du hast diesen Raum noch nicht ganz in dein Leben gelassen und das ist auch okay. Es ist okay, dass du dort stehst, wo du jetzt stehst und von wo aus du dich jetzt auf die Reise machst.

Lass uns deinem inneren Universum Raum geben, damit du deine Flügel ausbreiten und dich selbst als das sehen kannst, wie die geistige Welt dich sehen kann. Oft erlauben wir uns selbst zu wenig Raum, weil wir uns zu sehr aufs Helfen konzentrieren. Unseren Platz einzunehmen heißt, unseren inneren Raum zu öffnen und zuzulassen, was in jedem Moment durch uns schwingt.

Unsere größte Herausforderung als Wesen auf dieser Erde, als hochschwingende Wesen ist es, dass wir unsere Energien an die Erdschwingungen anpassen müssen. Deshalb ist für uns Erdung so ein wichtiges Instrument, um uns mit unserer wahren Natur zu verbinden. Die Öffnung nach oben hat jeder von uns, doch unsere Aufgabe ist es, uns für Mutter Erde zu öffnen. Hören wir endlich auf zu denken, wir seien kein Teil von ihr. Wir sind ein wichtiger Teil. Ohne uns könnte sie nicht aufsteigen. Ich nehme Mutter Erde als große Göttin war, als strahlendes und hochschwingendes Wesen. Und sie wünscht sich so sehr, dass wir sie annehmen, erkennen und entdecken.

Einst war ich allein in meinem Praxisraum und spürte in mir ein tiefes Ankommen. Es war so, als ob ich ganz bei mir im Hier und Jetzt sein konnte. Dann hörte ich eine intensive innere Stimme sagen: »Ich bin auch noch hier. Wenn du beginnst, mich anzunehmen, mich in dein Leben zu integrieren, wirst du auch mit Materie ganz anders umgehen können, denn Materie entsteht mit mir.« Ich verstand nicht recht, was mir diese feine und zarte und doch so erdige Stimme sagen wollte. Bis ich den Impuls verspürte, mich flach auf den Boden zu legen, meine Arme und Beine nach außen zu strecken und mein Herz mit der Erde zu verbinden.

Da spürte ich sie. Sie, die Erde. Sie, Mutter Erde. Die Kraft der Erde, die Schwingung der Erde. Und sie flüsterte mir zu: »Endlich hast du es verstanden!« Tief berührt von diesem Erlebnis musste ich einfach noch eine Weile bei mir sein und zu fassen versuchen, was ich da Tiefgreifendes in meinem Leben vergessen oder ausgeblendet hatte. Hatte ich doch immer gedacht, es sei meine Aufgabe, nach oben zu arbeiten. Dabei hatte ich völlig meine Wurzeln vergessen. Doch ohne Wurzeln kann in der Natur gar nichts wachsen. Ich war so froh über diese tiefe Erkenntnis!

Um tiefer in deine Erdung zu finden, empfehle ich dir diese Übung von ganzem Herzen: Leg dich regelmäßig flach auf den Boden und verbinde dich mit der Erde. Vor allem, wenn auch du spürst, dass die Erdung wichtig für dich sein könnte. Du kannst dies natürlich auch im Wald oder draußen auf der Wiese tun.

Wir sind ein Kanal zwischen Himmel und Erde. Wir dürfen zulassen, dass die Quelle durch uns schwingt.

Beginnen wir, unsere feinen Antennen und unsere hochschwingenden Seelen bewusst mit der Erde zu verbinden, können wir Kanal sein. Kanal für andere und auch für uns. Wir können beginnen zu dienen: der Erde, der Menschheit.

Ich spreche nie von: »Alles ist Licht und Liebe.« Nein, es gibt genügend Menschen, die sich als heil, rein und was sonst noch ausgeben. Ich finde, dass wir beginnen sollten, »echt« zu sein. Echt ganz so, wie wir in der Tiefe unserer Herzen sind. Authentisch, wie man es in der heutigen Zeit bezeichnen würde. Authentisch ist für mich nicht: »Ich zeig mich mal für einen kurzen Moment, wenn ich auf der Bühne stehe und eine Rede über das halte, was ich kann und wer ich bin.« Nein, das ist oftmals nur Ego. Echt zu sein heißt für mich, mich selbst in der wahrsten und tiefsten Verletzlichkeit zu zeigen.

Wir brauchen hier unten keine Maschinen und Roboter, obwohl viele Menschen dafür sind und alles weiter technisieren wollen. Nein, wir brauchen Menschen, die Tiefe zulassen, Menschen wie dich und mich. Pioniere, die voranschreiten, Schmerz zeigen, Leid teilen, aber auch Freude und Liebe. Ganz so, wie es der aktuelle Moment eben mit sich bringt. Wir können uns selbst und andere erst dann erwecken, wenn wir beginnen, aus der Tiefe unseres Schmerzes zu sprechen.

Es wird eine Zeit anbrechen, in der es noch wichtiger sein wird, den physischen Körper zu ehren und zu schätzen. Und wenn wir jetzt schon beginnen, ihn in den einzelnen Lebensprozessen zu unterstützen, begleiten wir ihn bestmöglich auch durch die Zeit des intensiven Wandels. Wir können beginnen, Körper, Geist und Seele auf unsere Weise zu reinigen, damit ein höheres Bewusstsein auf unsere Erde strömen und wir unsere Fähigkeiten im Menschsein ausdehnen können. Lass uns daher im nächsten Kapitel gemeinsam in die Möglichkeiten eintauchen, wie du deine eigene Schwingung im Alltag erhöhen und mit dem Wandel der Zeit mitgehen kannst. Du hast so unendlich kraftvolle Talente. Um ihnen zu begegnen, ist es wichtig, die Schwingung deines Körpers zu erhöhen und hoch zu halten.

WIE DU DEINE SCHWINGUNG ERHÖHEN KANNST

ACHTE GUT AUF DEINEN KÖRPER

Es ist letztlich ganz leicht, die eigene Schwingung zu erhöhen. Welche Momente in deinem Leben ließen dich beispielsweise wissen, dass du genau richtig bist, so wie du bist? Erinnere dich an sie. Erinnere dich an die Gefühle, die diese Momente in dir ausgelöst haben. Schon damit erhöhst du automatisch deine Frequenz. Du erhöhst deine Lichtstärke.
Beschäftige dich in den nächsten Tagen mit Erlebnissen aus deiner ferneren oder näheren Vergangenheit, die dich im tiefsten Inneren berührten. Bei mir war es vor allem der Moment, als ich das erste Mal einen Ton durch mich habe schwingen lassen. Als das erste Mal eine Vibration, ein Urklang durch mich und meinen Körper floss. Diesen Moment werde ich nie vergessen und wenn ich heute daran denke, löst dieser Gedanke in mir eine tiefe Dankbarkeit und ein Gefühl von Freiheit aus.

~ **Du hast so viele Möglichkeiten, deine Schwingung zu erhöhen und Teil einer umfassenden Transformation auf der Erde zu sein.**

Damit deine ureigene Gabe zu dir zurückfließen kann, ist es von großer Wichtigkeit, dass die Schwingung deines Energiefeldes in einer positiven und empfangenden Haltung nach außen strahlt. Dafür möchte ich dir einige weitere Möglichkeiten an die Hand geben, wie du deine Energie längerfristig erhöhen kannst. Es sind Methoden von meinem geistigen Lichtteam, die leicht und ohne viel Aufwand in deinen Alltag integrierbar sind.

Zur Erhöhung deiner Schwingung

Katja: *Mein liebes Lichtteam, darf ich euch bitten, uns Methoden durchzugeben, wie wir unsere Schwingung im Alltag erhöhen können?*

Geistiges Lichtteam: *Nun, wir haben schon gewartet, wann dieses Thema in deinem Buch angesprochen wird. In der Tat sind wir in der geistigen Welt gerade sehr damit beschäftigt, wie wir euch Menschen während dieser Zeit der täglichen, intensiven Schwingungserhöhung helfen können, euch zu stärken. Gerade eure physischen Körper wehren sich enorm gegen die Veränderung der Frequenzen, die im Universum gerade stattfindet. Obwohl viele Körper von den Menschen, die dieses Buch lesen, seit der Geburt darauf ausgerichtet sind, diesen intensiven Erhöhungen standzuhalten und neue Energien zu integrieren, sind gerade Essen und Verdauung große Themen. Denn ihr müsst wissen, in dieser Zeit des Aufstieges verdaut ihr nicht nur euer Essen, das Physische, das ihr zu euch nehmt, ihr verarbeitet auch das Feinstoffliche, das unsichtbar durch euch wirkt und fließt.*

Katja: *Was meint ihr genau mit dem Feinstofflichen, das durch uns fließt? Könnt ihr das genauer erläutern?*

Geistiges Lichtteam: *Natürlich, sehr gern. Hm, wie können wir das erklären? Genau genommen ist eure Sprache schon etwas beschränkt. Auf unseren Ebenen sprechen wir oft in Symbolen und Frequenzen. Also, wir versuchen es: Stellt euch* *das Sonnensystem eures Universums als einen Kreis vor, der sich um die eigene Achse dreht. In Zeiten einer enormen Schwingungserhöhung wird eine Schwingung durch diesen Kreis nach außen getragen. Das könnt ihr euch so vorstellen, als ob einzelne Partikel ins Universum gestreut werden und diese Partikel in jedem Einzelnen von euch auf Körper-, Geist- und Seelenebene neue Werte, neue Ebenen und neue Kräfte integrieren. Wie Frequenzen, die in sich erweitert, erhöht werden.*

Katja: *Danke, das ist schon verständlicher. Könnt ihr konkrete Lebensmittel empfehlen oder einen Vorgang, der die Verdauung erleichtern kann?*

Geistiges Lichtteam: *Sehr gern geben wir das durch. Achtet darauf, dass ihr möglichst Gemüse aus eurer Umgebung zu euch nehmt, das belastet eure Körper nicht mit Erdfrequenzen, die euch fremder sind, und verhilft euch zu einer besseren Verdauung. Hier sind einige Lebensmittel und Nahrungsergänzungen, die euch in Zeiten des Wandels stärken können. Natürlich ist es nur eine Auswahl:*

- *Alle Beerensorten, wie Blaubeeren, Erdbeeren, Himbeeren, Brombeeren. Auch Camu-Camu, eine Beere aus Peru für Verdauung und Immunsystem*
- *Grünes Gemüse, wie Brokkoli, Spinat, Salat, Rosenkohl*
- *Kartoffeln, Karotten, Rote Bete, Avocado*
- *Manuka-Honig und Honig allgemein*
- *Kressesprossen und Sprossen allgemein*
- *Chiasamen, Kokosöl, Gerstengras, Weizengras*
- *OPC-Traubenkernextrakt, Vitamin D_3 und K_2*
- *Weihrauch-Kapseln.*

Katja: *Ich danke euch.*

WIE DU DER WELT DIENEN KANNST

Wir kommen schon zum Ende dieses Buches und damit zu einem der für mich wichtigsten Kapitel, denn hier erzähle ich dir von einem Schlüssel, um deiner Gabe zu begegnen und dich zu erkennen. Es gibt viele Arten, sich mit der eigenen Seele zu verbinden. Einige Menschen meditieren, andere gehen in die Natur, machen Energiearbeit oder beten. Eines meiner absoluten Powertools sind Fragen an mich selbst. Genau genommen Fragen, die ich meinem höheren Selbst stelle. Durch diese Methode habe ich meine Gabe gefunden und erkannt – und ich entwickle mich mit diesen Fragen selbst immer weiter.

Fragen an dein höheres Selbst

Beginne einmal während der kommenden Tage, dich mit den folgenden Fragen zu beschäftigen:

~ *»Wer und was bin ich?«*

~ *»Was kann ich der Welt geben?«*

~ *»Wie kann ich meine Welt zu einem besseren Ort und damit auch das Leben von anderen leichter werden lassen?«*

Ich bin mir sicher, du findest die Antworten. Vielleicht früher, vielleicht später. Doch du wirst sie finden, deine Wahrheit, denn dafür bist du hier und dafür liest du gerade diese Zeilen. Hänge diese Fragen an einen Ort, wo du sie immer wieder lesen kannst. Immer wenn du dich mit den Fragen verbindest, öffnet sich mehr Wissen. Lass dir Zeit. Es ist ein Prozess.

Bitte versprich mir, dass du weitergehst, auch wenn sich alter Schmerz zeigt. Bitte versprich mir, dass du darüber hinauswächst. Dass dein Blick nach vorn gerichtet bleibt. Auch dann, wenn es sich so anfühlt, als ob die ganze Welt gegen dich arbeitet. Auch dann geh einfach weiter. Vielleicht möchtest du in Zukunft dieses Buch nutzen, wenn du mal nicht weiterweißt. Schlag dann einfach irgendeine Seite auf und es wird eine Botschaft vor dir liegen.

Laufe. Laufe einfach immer weiter. Und in Momenten, in denen du eins bist mit deinem Schmerz, wirst du deine wahre innere Schönheit erkennen können. Denn du weißt jetzt: Der Schmerz ist dein Meister. Er war es immer und er wird es immer sein. Doch wisse, dass du ihn niemals besiegen kannst, wenn du nicht zulässt, dass er da ist. Erst wenn du beginnst, ein Teil von ihm zu werden, wird dir seine Wachheit begegnen und die Reinheit deines inneren Kerns kann sich zeigen.

~ So darfst du immer mehr erkennen, wer du wirklich bist.

Da an diesem Ort, wo du dir selbst begegnest, wirst du es fühlen. Du wirst fühlen, wie du dienen kannst. Das Dienen geschieht nicht aus deinem Verstand heraus. Es ist eine tiefe Herzensmission, die du in dir trägst. Es ist Hingabe. Hingabe an etwas Höheres. Glaube an etwas, das dich führt. Durch Hingabe geschieht Öffnung. Durch Öffnung geschieht Hingabe. Hingabe ist das Wichtigste beim Dienen. Dienen ist etwas, das nicht beeinflusst werden kann. Es ist einfach. Immer wieder wollte ich meinen Gesang oder meine Arbeit lenken, doch mir wurde immer neu von meinem geistigen Lichtteam gezeigt, dass Dienen durch und mit uns geschieht. Die folgenden Zeilen von meinem Lichtteam haben mich dabei tief berührt:

Da in dir gibt es einen Teil …

… der sich entschieden hat zu dienen. Da in dir gibt es einen Teil, der bereit ist zu empfangen. Da in dir ist alles, was du an Werkzeugen brauchst, um dich in den Dienst des Höheren zu stellen. Stellst du dich in den Dienst der Quelle, stellst du dich in den geborgenen, schützenden Raum deines Wesens. Beginnst du aus der inneren Quelle heraus zu leben, beginnst du zu verstehen, zu erkennen und zu eröffnen, was die Quelle deines Ursprungs mit dir und durch dich auf diese Welt bringen möchte.

Zweifle nicht, vertraue. Vertraue darauf, dass Dienen reine Hingabe ist. Hingabe an dein Wesen, aber auch Hingabe an das Höhere, das dich führt.

Auf dem Weg des Dienens wird es Momente geben, die dein Verstand nicht verstehen wird. Das ist okay. Es ist okay, denn dein Verstand ist nicht hier, um zu dienen, er ist hier, um deinen Körper an dein Menschsein zu erinnern. Und da, wo du Mensch bist, da bist du auf der Erde und der Auftrag ist in dir, auch wenn dein Verstand da ist.

Vergiss nicht, das Menschsein ist deine Erfahrung. Es ist dein Wachstum und es wird dich und das Universum um dich verändern.

So sei bereit zu dienen. Deiner Seele und dem Universum. Nicht nur dir zuliebe, auch der Erde und ihren Lebewesen, denn es ist Zeit. Es ist die goldene Zeit und du bist hier, um zu erwecken. Erinnere dich. Erinnere dich an deinen Platz. Danke.

Für deinen ureigenen Weg kann ich dir schon bald Tagesbotschaften anbieten. Die ersten durften bereits in dieses Buch fließen und seinen Abschluss bilden. Weitere werden folgen. Sie können dir als intuitives Nachschlagewerk dienen. Blättere in Momenten, wo dich die Einsamkeit überrollt, intuitiv auf eine dieser letzten Buchseiten und spüre in die gechannelten Informationen hinein. Du wirst eine Botschaft für dich dahinter erkennen.
Diese folgenden Seiten – es sind Texte, verbunden mit einem gechannelten Symbol und Worten in der Lichtsprache – haben die Kraft, dich bei tiefen inneren Prozessen heilsam zu begleiten. Die Worte werden dir helfen, dich in jedem Moment anzunehmen und darin deinen persönlichen Lichtblick zu erkennen, der dich immer weiter auf deinem Weg der Entfaltung führt.

Die Lichtsymbole nutzen

Du kannst die Lichtsymbole nutzen, indem du sie aufzeichnest oder kopierst und dein Trinkwasser daraufstellst, um es aufzuladen. Trink davon aber nicht mehr als einen Liter pro Tag und diesen Liter auch nicht auf einmal und nicht länger als elf Tage. Spüre für dich hinein, was du brauchst. Deine Seele führt dich.
Auch zur Meditation eignen sich die Symbole: Schau eines davon lange an, schließ dann die Augen und meditiere darüber. Die Affirmation und die Botschaft zum Symbol kannst du jeweils morgens und abends laut je dreimal aussprechen. Tu das elf Tage lang und spüre jeweils die große Kraft darin.
Ein wichtiger Hinweis: Die Symbole tragen eine sehr hohe Schwingung in sich, deshalb kann es vereinzelt vorkommen, dass sich Erstverschlimmerungen an Körperstellen zeigen, die schon länger schmerzen. Es kann auch zu Reinigungen im

Darmtrakt führen und somit auch manchmal zu vermehrtem Wasserlassen oder Durchfall. Dies dient der Reinigung. Hab Vertrauen in deinen Körper. Er ist einzigartig und wird dich führen. Natürlich ersetzen diese Arbeit und meine Impulse hier keinen Arzt. Du handelst in Eigenverantwortung und die Heilung geschieht in der für dich passenden Zeit.

BOTSCHAFTEN DEINER HERKUNFT

Mögen die folgenden Botschaften die Weisheit deiner Seele aktivieren. Mögen sie dich dabei begleiten, dir selbst die Erlaubnis zu schenken, groß zu denken, groß zu strahlen.

Mögen sie dich in Momenten umarmen, in denen du nicht mehr weiterweißt. Mögen sie ein wertvoller Wegweiser für dich sein, um dich an deine innere Quelle zu erinnern. Die Quelle der Selbstverantwortung und der Selbstermächtigung.

Erkenne: Wir sind mit unseren Gaben nicht jetzt und hier inkarniert, um allen zu gefallen. Wir sind hier, um uns wiederzuerkennen und unsere wahre Natur neu zu leben. In unserer vollsten schöpferischen Kraft. Wir sind hierhergezogen, damit wir ein Strahlen nach außen senden können, das alles umarmt, was ist: was neu gedeihen darf und was alt ist und nun liebevoll verabschiedet werden darf, um dem Neuen Platz zu schaffen.

Ich wünsche mir, dass du erkennst, wer du bist. Dass du erkennst, wer wir sind und was wir dieser Welt zu geben haben. Fühle dich in diesem Moment lieb umarmt von meinem Wesen und erinnere dich: An der Quelle unseres Seins gibt es einen Ort, da sind wir alle verbunden. Da sind wir alle eins. Da liegt die Heimat deiner Seele.

Lass uns da wieder treffen. Lass uns da wieder begegnen.

ÜBERSICHT ÜBER DIE LICHTBOTSCHAFTEN

- Die Reinheit deiner Seele
- Der Ausgleich deiner Chakren
- Die Verbindung zur Quelle
- Die Loslösung von alten Werten
- Die Erdverbindung mit deinem Platz
- Das Bewusstsein deines Wesens
- Die Verbindung zu deinen Ahnen
- Die Neuausrichtung deines Wesens
- Die Rückverbindung mit dem Stein der Weisen
- Deine Gabe
- Die Begegnung mit deinen Begleitern
- Die Versöhnung
- Die Quelle der Ruhe
- Die Reinigung deines Systems
- Die Geborgenheit der Einheit
- Die tiefe Liebe deiner Seele
- Die Öffnung deines Herzens
- Die Verbundenheit der Einheit
- Die Rückkehr der Einheit

DIE REINHEIT DEINER SEELE

4 5 7 1 6 3

Lichtsprache

Oktus sam

Affirmation

Ich bin reiner Geist, reine Seele.

Botschaft

Die Reinheit meiner Seele ist die Ursprungskraft, die in mir liegt. Es ist das reine Licht, das ich in mir trage. Das Licht, das niemals erlischt. Das Licht der Hoffnung. Das Licht des Einsseins. Das Licht der Seele.
Die Reinheit meiner Seele ist die Quelle der Klarheit. Es ist die Quelle, die das Licht meines Ursprungs in sich trägt.
Möge mich die Reinheit meines Seins erinnern, dort wo ich auf meiner aktuellen Entfaltungsstufe vergessen habe, dass das Licht immer rein war. Das Licht ist immer stärker. Mögen die dunklen Schatten von mir weichen, um Platz und Raum zu schaffen für das höchste Licht der Einheit.
Das Licht meines Ursprungs leuchtet, jetzt. So sei es. Danke!

Anwendung

Nutze diese Worte, das Symbol und das Mantra der Seelensprache …

- wenn du deine Aura von toxischen Emotionen reinigen möchtest.
- wenn du dich verloren und einsam fühlst.
- wenn du Schattenthemen aufzulösen hast.
- wenn du Angst hast.
- wenn du nicht weißt, welchen Weg du gehen sollst.
- wenn du dich an deine Ursprungskraft erinnern möchtest.
- wenn du dich von Ursprungsblockaden, die in deiner DNA gefangen sind, befreien möchtest.

DER AUSGLEICH DEINER CHAKREN

2 \|/ 5

∞ 8 ∞

1 /|\ 3

Lichtsprache

Somsom saie rai dam

Affirmation

Ich bin zentriert und in mir verankert. Meine Energiezentren fließen über von meiner vollsten Ursprungskraft.

Botschaft

Möge der Ausgleich, die Ausbalancierung meiner Chakren nun auf allen Ebenen für mein höchstes Sein arbeiten. Möge ich zurückfinden in die Zentrierung meiner Ursprungskraft. Möge ich Altes loslassen und mich von Dingen und Situationen befreien, die mir und meinem System nicht mehr dienlich sind.

Möge ich erkennen, dass ich die Person bin, die alle Kraft hat, mein Energiezentrum nun auf allen Ebenen neu auszurichten. Auszurichten für Selbstheilung. Auszurichten für Selbstverantwortung.

Ich bin die Kraft meiner eigenen Heilung. Ich bin die Kraft meines Antriebs. Ich bin die Kraft, die das Steuer meiner Energiezentren in den eigenen Händen trägt.

Ich bin reiner Fluss. So sei es, jetzt. Danke!

Anwendung

Nutze diese Worte, das Symbol und das Mantra der Seelensprache …

- **wenn du dich zerstreut und leer fühlst.**
- **wenn du eine neue Perspektive brauchst.**
- **wenn du dich müde und ausgelaugt fühlst.**
- **wenn du neue Lebensenergie brauchst.**
- **wenn du einen Unfall oder einen Schock zu verarbeiten hast.**
- **wenn ein Verlust in dir sitzt.**
- **wenn du Bauch- oder Kopfschmerzen hast.**
- **wenn du dich von innen her stärken möchtest.**

DIE VERBINDUNG ZUR QUELLE

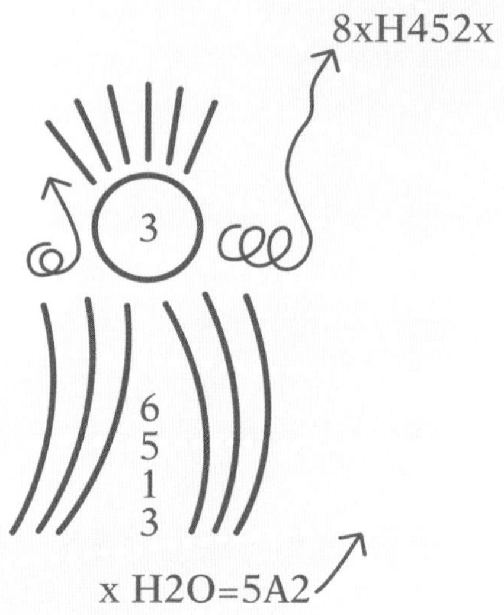

Lichtsprache

Soi sai dam schai

Affirmation

Ich bin verbunden mit der höchsten Quelle.

Ich bin verbunden mit der Einheitsquelle. Die Einheitsquelle wirkt durch mich.

Botschaft

Ich erlaube mir, mich mit der höchsten Einheit verbunden zu fühlen. Der Quelle meines Ursprungs. Möge ich die Kraft der Einheit täglich mehr leben dürfen. Auf die Weise, in der ich dieser Welt meine wundervolle innere Quelle offenbaren kann.
Ich erlaube mir, mich verbunden zu fühlen. Verbunden mit all dem, was die Quelle mir zur Verfügung stellt und mir täglich offenbart.
Möge ich meine ganz persönliche Verbindung zur Quelle finden und täglich daraus schöpfen können.
So sei es, jetzt. Danke!

Anwendung

Nutze diese Worte, das Symbol und das Mantra der Seelensprache …

- wenn du die Liebe deines Ursprungs spüren möchtest.
- wenn du traurig bist.
- wenn dir Geborgenheit und Liebe in deinem Leben schmerzlich fehlen.
- wenn du dich einsam fühlst.
- wenn du die Orientierung verloren hast.
- wenn du die Selbstliebe stärken möchtest.
- wenn du deiner Ursprungsquelle begegnen möchtest.
- wenn du dich an deine Ursprungskraft anschließen und daraus schöpfen willst.
- wenn du vergessen hast, wer du wirklich bist.

DIE LOSLÖSUNG VON ALTEN WERTEN

Lichtsprache

Omschom nagscha sam

Affirmation

Ich löse mich von alten Werten. Von Werten, die nicht zu mir gehören. Ich bin bereit, meine ureigenen Werte auf dieser Erde zu verankern.

Botschaft

Nun ist der Moment da in meinem Leben: Ich bin bereit. Bereit, alte Werte von meinen Ahnen, alte Wertvorstellungen, die mir nicht mehr dienlich sind, aus meinem System zu entlassen.
Ich bin bereit loszulassen, um der Kraft meiner ureigenen Werte zu begegnen. Ich bin bereit, meine ureigenen Werte auf dieser Erde zu verankern.
Meine Weisheit begleitet und führt mich auf diesem Weg.
Ich lebe meine ureigenen Werte von Tag zu Tag mehr.
So sei es, jetzt. Danke!

Anwendung

Nutze diese Worte, das Symbol und das Mantra der Seelensprache …

- **wenn du dich von alten Wertvorstellungen befreien möchtest.**
- **wenn du deine ureigenen Werte finden möchtest.**
- **wenn du dich nach Freiheit sehnst.**
- **wenn du alte Glaubenssätze loslassen willst.**

DIE ERDVERBINDUNG MIT DEINEM PLATZ

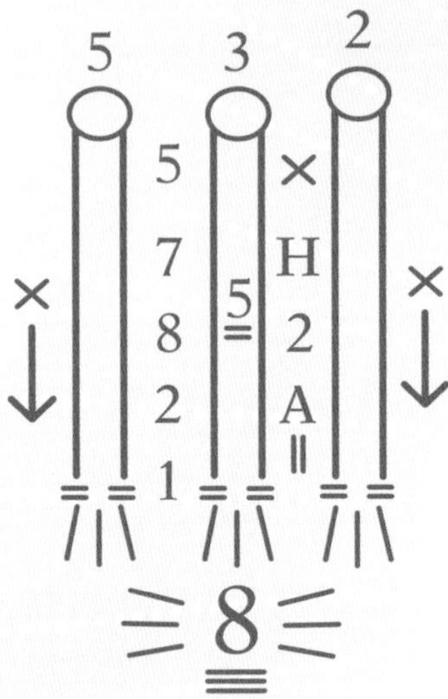

Lichtsprache

Sanama som scha

Affirmation

Ich bin verbunden mit meinem ureigenen Platz auf Erden. Ich bin verbunden mit meiner Erdkraft. Mutter Erde trägt mich. Ich bin sicher und aufgehoben.

Botschaft

Heute, jetzt und hier entscheide ich mich für meinen ureigenen Platz. Ich nehme meinen Platz in meinen eigenen Fußstapfen ein. Ich trete in die Wurzelkraft meines Platzes. Ich verbinde mich mit Mutter Erde und lasse mich von ihr tragen. Ich bin aufgehoben und sicher in der Führung von Vater Himmel.

Jetzt und hier verankere ich meine Wurzelkraft in der Tiefe der Erde. Dort, wo ich mich in vollster Kraft neu verankern kann.

Anwendung

Nutze diese Worte, das Symbol und das Mantra der Seelensprache ...

- **wenn du dich erden möchtest.**
- **wenn du deinen ureigenen Platz auf Erden einnehmen möchtest.**
- **wenn du dich unsicher fühlst.**
- **wenn du Unverträglichkeiten oder Allergien hast.**
- **wenn du Mühe mit deiner Verdauung hast.**

DAS BEWUSSTSEIN DEINES WESENS

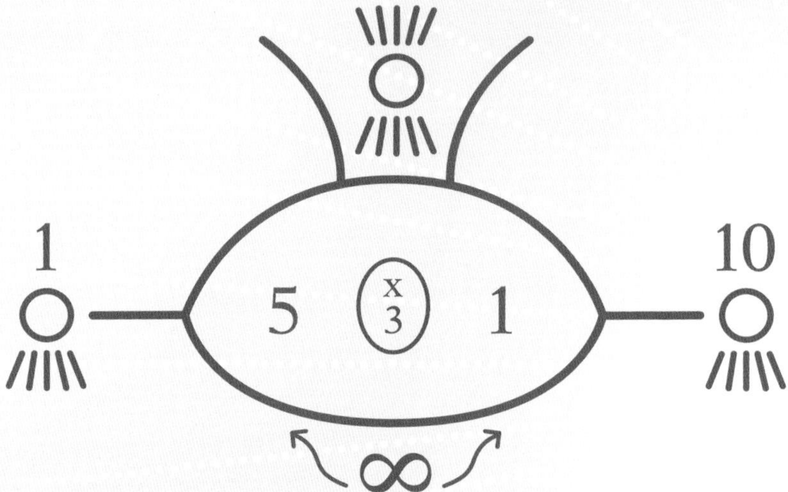

Lichtsprache

Ogscham sai

Affirmation

Ich bin grenzenloses Bewusstsein.

Botschaft

Ich bin reines Bewusstsein. Bewusstsein, das aus meiner Ursprungsquelle fließt. Mein Bewusstsein wächst von Tag zu Tag mehr in die Wurzel meiner Kraft hinein. Täglich lebe ich mehr von dem, was ich bin und was mein Bewusstsein hier auf Erden ausdrücken möchte. So bin ich verwurzelt. Verwurzelt in der Grenzenlosigkeit meines Seins.
Mein Bewusstsein ist wandelbar und ich erkenne, dass ich grenzenlos bin. Grenzenlos frei, täglich ich selbst zu sein.
So sei es. Danke!

Anwendung

Nutze diese Worte, das Symbol und das Mantra der Seelensprache …

- **wenn du dein Bewusstsein für mehr öffnen möchtest.**
- **wenn du dein Bewusstsein und deine Intuition trainieren möchtest.**
- **wenn du dich mit der reinen Ursprungsquelle verbinden willst.**
- **wenn du dich von einschränkenden Gedanken und Gefühlen befreien möchtest.**
- **wenn du alte Gewohnheiten loslassen möchtest.**

DIE VERBINDUNG ZU DEINEN AHNEN

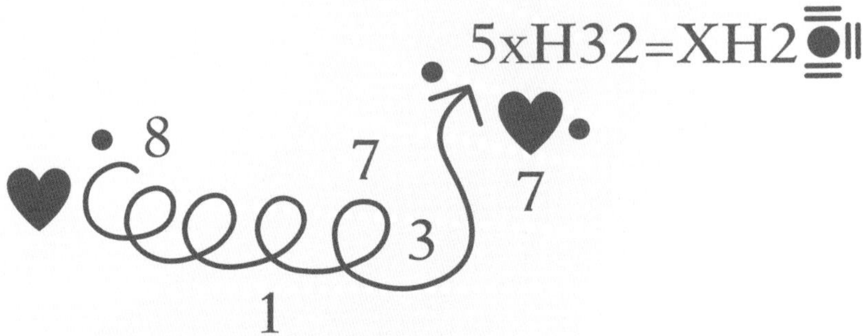

Lichtsprache

Iriesam som nam

Affirmation

Ich bin verbunden mit den wundervollen und nährenden Kräften meiner Ahnen. Meine Ahnen schenken mir Wurzeln, die mich noch tiefer in meiner ureigenen Gabe verankern.

Botschaft

Ich bin bereit, meine Ahnen liebevoll und kraftvoll in mein Leben einzubinden. Ich bin bereit, meinen Ahnen einen nährenden Raum zu schenken, in dem die Gaben, die über Generationen hinweg weitergegeben wurden, auf neuen Bewusstseins- und DNA-Ebenen verankert werden dürfen. Möge ich die Kraft der Ahnen als wertvolles Geschenk annehmen. Möge ich meine Ahnen ehren und schätzen und ihre Wege auf allen Ebenen akzeptieren und annehmen. Sie waren es, die mir den Weg für mein Erdenleben vorgespurt haben.

Ich jedoch habe jeden Tag die Wahl, welche Werte ich von ihnen verankere und welche nicht. Ich bin frei, ich selbst zu sein.

So sei es. Danke!

Anwendung

Nutze diese Worte, das Symbol und das Mantra der Seelensprache …

- wenn du deinen Ahnen begegnen möchtest.
- wenn du Themen der Ahnen in Heilung bringen möchtest.
- wenn du dich von Altlasten befreien willst.
- wenn du in dir spürst, dass deine Ahnen dir kraftvolle Gaben übergeben wollen.
- wenn du fühlst, dass es Zeit ist, die Kraft deiner Ahnen in dein Leben einzuladen.

DIE NEUAUSRICHTUNG DEINES WESENS

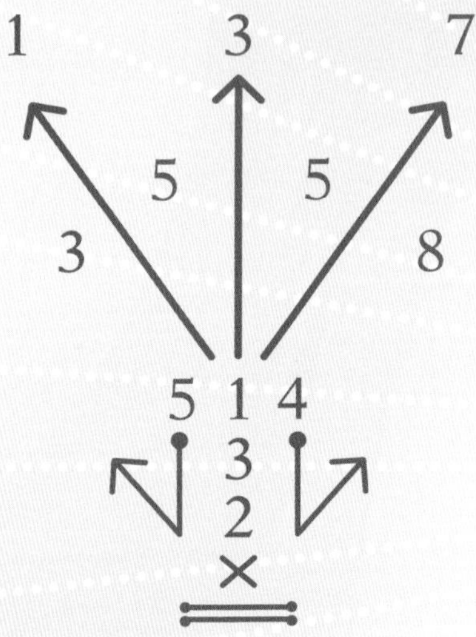

Lichtsprache

Te siriem som

Affirmation

Ich vertraue der Neuausrichtung,
denn sie erfüllt mich mit noch mehr Liebe und umhüllt
mich mit ihrer schützenden Kraft.

Botschaft

Ich bin verbunden mit den neuen Spuren meines Lebens. Ich erlaube mir, dass meine Neuausrichtung leicht und einfach ins Leben kommt. Täglich erkenne ich die Wunder des Lebens. Täglich richte ich meinen Blick nach vorn. Täglich lasse ich Altes los und ehre mein Wesen, denn ich gebe in jedem Moment mein Bestes.

Ich bin bereit, mich für neue Richtungen zu öffnen, neue Spuren auf dieser Erde zu hinterlassen. Ich bin bereit, neue Bewusstseinsfelder zu öffnen, denn dafür ist mein Wesen inkarniert. Ich bin bereit, der Liebe der Neuausrichtung zu begegnen. Ich bin bereit, mich in die neue Welt führen zu lassen. In eine Welt, in der Frieden, Liebe, Licht und Kraft strahlen.

Ich bin ein Wesen der Neuausrichtung. Ich erschaffe neu. Ich kreiere neu. Täglich in noch einer kraftvolleren Form. Möge dieser Tag als mein Tag der Neuausrichtung nun beginnen. So sei es. Danke!

Anwendung

Nutze diese Worte, das Symbol und das Mantra der Seelensprache …

- **wenn du fühlst, dass eine Neuausrichtung in deinem Leben ansteht.**
- **wenn du dich selbstständig machen möchtest.**
- **wenn ein Umzug ansteht oder sonstige Dinge in deinem Leben neu gestaltet werden wollen.**
- **wenn du fühlst, dass du auf dieser Erde bist, um neue Wege zu spuren.**
- **wenn du kreativer werden möchtest.**
- **wenn du dich mit deiner leichten, künstlerischen und erschaffenden Seite verbinden möchtest.**

DIE RÜCKVERBINDUNG MIT DEM STEIN DER WEISEN

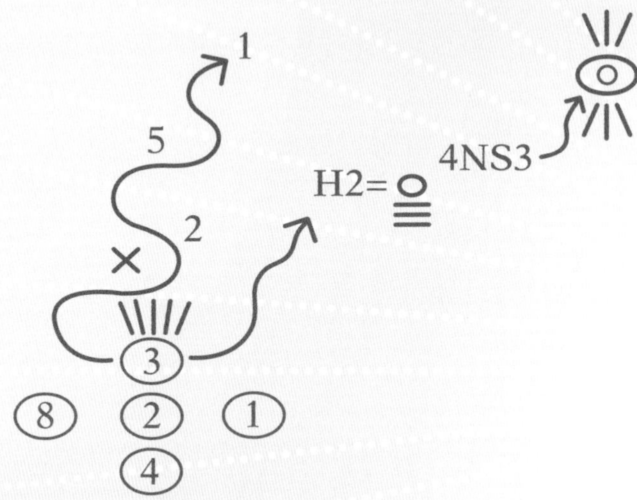

Lichtsprache

Rischa sagscham dom

Affirmation

Ich bin verbunden mit dem kraftvollen Ort meines Ursprungs. Ich bin verbunden mit der Ursprungskraft der Steine.

Botschaft

Möge die Urkraft der Steine meinen Körper mit meiner Selbstheilung verbinden. Möge sie mich stärken und mir täglich eine wertvolle Botschaft überbringen. Möge die Urkraft der Steine fließen wie die Ursprungsquelle meines Seins und alle Unstimmigkeiten und Blockaden in meinem physischen, geistigen und emotionalen Körper heilen.
Möge die Heilkraft der Steine die Urkraft in mir erwecken. Möge mich die Kraft der Steine mit der Weisheit meiner Selbstheilung verbinden. So sei es und so bin ich heil. Heil auf allen Ebenen. Danke!

Anwendung

Nutze diese Worte, das Symbol und das Mantra der Seelensprache …

~ **wenn du mit Steinen arbeitest.**
~ **wenn du die Heilkraft der Steine liebst.**
~ **wenn du in deine ureigene Kraft zurückfinden möchtest.**
~ **wenn du im therapeutischen Bereich tätig bist und deinen Klientinnen und Klienten neue Kraft schenken möchtest.**
~ **wenn du ein körperliches Thema heilen möchtest.**

Wähle intuitiv einen Heilstein aus und arbeite über mehrere Tage mit ihm. Sprich die Sätze laut aus, wenn du den Stein in deiner linken Hand hältst. Anschließend legst du den Stein auf eine schmerzende oder verspannte Körperstelle. Arbeite jeweils nur mit einem Heilstein und staune, was in nur wenigen Tagen an Heilung zu dir fließen darf. Lass ihn zu deinem »Stein der Weisen« werden.

DEINE GABE

Lichtsprache

Soi Narascha

Affirmation

Ich bin bereit. Bereit, meinen ureigenen Weg auf dieser Erde zu gehen. Voller Freude verbinde ich mich täglich tiefer mit der Essenz meiner DNA.

Botschaft

Ich öffne mein menschliches Wesen für Grenzenlosigkeit. Möge mich die Grenzenlosigkeit in meine Weisheit zurückbringen und mir die Freiheit schenken, meine ureigene Gabe mit dieser Welt zu teilen.
Möge mein Erwachen nun tiefer beginnen. Möge ich jetzt und hier die Weisheit meines Ursprungs aktivieren.
Hiermit ermächtige ich mich, mein schöpferisches Wissen anzuwenden.
Hiermit ermächtige ich mich, meine ureigene Kraft zum Wohle aller mit dieser Welt zu teilen. Ich bin bereit, Pionier, Pionierin zu sein.
Hiermit ermächtige ich mich, meine Strahlkraft auszudehnen und mir zu erlauben, groß zu sein. Mögen meine Strahlen diese Erde zu einem heileren Ort machen. Möge meine Weisheit diese Erde in ein neues Bewusstsein tauchen und in einen Ort der Liebe und der Kraft verwandeln.
So sei es. Danke!

Anwendung

Nutze diese Worte, das Symbol und das Mantra der Seelensprache …

~ **wenn du deiner ureigenen Gabe, deinem ureigenen Potenzial begegnen möchtest.**
~ **wenn du Angst davor hast, groß zu sein.**
~ **wenn du Angst hast, dich zu zeigen.**
~ **wenn du in die Selbstverantwortung, Selbstermächtigung finden möchtest.**

DIE BEGEGNUNG MIT DEINEN BEGLEITERN

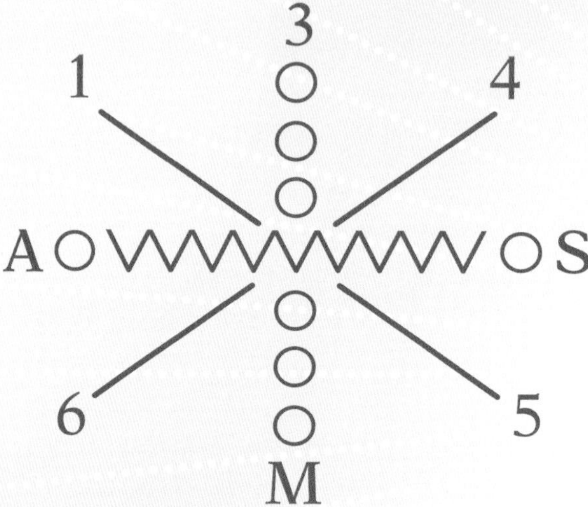

Lichtsprache

Omieschai sam nam dam

Affirmation

Ich bin verbunden mit meinem geistigen Lichtteam. Es führt und leitet mich. In den Armen meiner lichtvollen Begleiter fühle ich mich geborgen. In ihrer Begleitung bin ich sicher.

Botschaft

Heute vertraue ich meiner inneren Führung im Wissen, dass mein höheres Selbst stets meinen ureigenen Weg kennt. Ich gebe mich meiner inneren Führung hin. Die Hingabe eröffnet mir neue Felder. Durch meine Hingabe und meinen Glauben lasse ich zu, dass ich täglich auf wundersame Weise geführt werde.

Ich erlaube mir, mich führen zu lassen. Ich erlaube mir, das Gefühl des Verbundenseins zu fühlen und wahrzunehmen, dass mein geistiges Lichtteam mit mir und durch mich wirkt.

Möge die Verbundenheit zwischen den Dimensionen täglich wachsen. Möge ich durch das Gefühl der Verbundenheit meinen Weg leicht, frei und geborgen gehen.

So sei es. Danke.

Anwendung

Nutze diese Worte, das Symbol und das Mantra der Seelensprache …

- **wenn du dich mit deinen Engeln, mit deinem geistigen Team verbinden möchtest.**
- **wenn du das Vertrauen in die Quelle verloren hast.**
- **wenn du den Verlust eines geliebten Menschen erlebt hast.**
- **wenn du dich oft allein und nicht zugehörig fühlst.**
- **wenn dir Geborgenheit und Liebe in deinem Leben fehlen.**
- **wenn du deine Intuition stärken möchtest.**
- **wenn du tiefer in die liebevolle Verbindung mit deinen Engeln eintauchen möchtest.**

DIE VERSÖHNUNG

8

8

Name

Lichtsprache

Rinigschim

Affirmation

Heute verzeihe ich aus der Tiefe
meines Herzens. Ich bin frei von Wut, Trauer und
unausgesprochenen Gefühlen.

Botschaft

Ich verzeihe mir und allen Menschen, die mich in irgendeiner Weise verletzt, gedemütigt, traurig oder wütend gemacht haben. Ich verzeihe mir, weil ich mich liebe. Ich verzeihe meinem Gegenüber, weil ich weiß, dass mit dem Verzeihen Freiheit und Ruhe in mein Leben treten.

Ich erlaube mir, ins volle Verzeihen zu gehen. Tief in meinem Inneren fühle ich, dass alles, was mir begegnet, meinem höheren Selbst dient. Trotzdem wurde ich in meinem menschlichen Sein verletzt und dies nehme ich nun auf allen Ebenen an. Ich bin verletzt, wütend und fühle mich traurig. Es ist okay. Ich verzeihe mir. Ich verzeihe allen anderen.

Ich bitte mit diesem Verzeihen aus der Tiefe meines Herzens um ein Feld der Liebe. Möge das Feld der Liebe mich, aber auch mein Gegenüber erfassen, umhüllen und bedingungslose Liebe zu uns fließen lassen. Möge die bedingungslose Liebe alte Ketten sprengen und reine Energie von Geborgenheit und Freiheit fließen lassen. So sei es. Danke!

Anwendung

Nutze diese Worte, das Symbol und das Mantra der Seelensprache …

- **wenn du einem anderen Menschen oder dir selbst für eine vergangene oder gegenwärtige Situation verzeihen möchtest.**
- **wenn du alten Groll in dir trägst.**
- **wenn du spürst, dass in deiner Ahnenlinie viel Wut und unausgesprochene Dinge weitergetragen wurden.**
- **wenn du Verspannungen in deinem physischen Körper spürst, die du nicht mit einer Massage oder sonstigen Therapie lösen kannst.**

DIE QUELLE DER RUHE

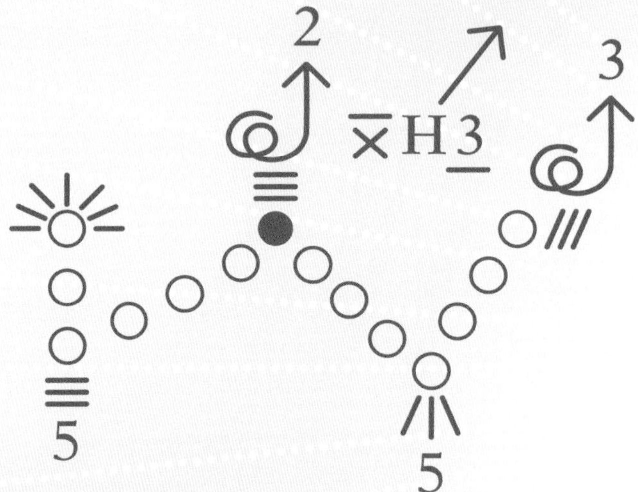

Lichtsprache

Satnam Schung

Affirmation

Ich bin verbunden mit meiner inneren Ruhequelle. Meine Ruhequelle stabilisiert mich. Ich bin zentriert und in mir ruhend.

Botschaft

Tief in meinem Inneren sprudelt die Quelle meines Seins. In der Tiefe meines Seins bin ich in mir ruhend verbunden mit der Leichtigkeit und der Sanftheit meines Wesens.
In der Leichtigkeit finde ich meine Wahrheit. In der Leichtigkeit entsteht Neues in mir. In der Leichtigkeit vertraue ich dem Fluss meiner Quelle.
In der Leichtigkeit löse ich Druck auf. In der Leichtigkeit verbinde ich neue Wünsche und Visionen. In der Leichtigkeit lasse ich Altes los und öffne meine inneren Türen für ein Bad der Ruhe.
In der Ruhe liegt die Kraft.
So sei es. Danke.

Anwendung

Nutze diese Worte, das Symbol und das Mantra der Seelensprache …

- wenn du dich nach Ruhe in deinem Leben sehnst.
- wenn du deine Chakren ausgleichen möchtest.
- wenn du dein Energiesystem zentrieren und ausgleichen möchtest.
- wenn du dir selbst zu viel Druck auferlegst.
- wenn du perfektionistisch veranlagt bist.
- wenn du inneren Druck loslassen möchtest.

DIE REINIGUNG DEINES SYSTEMS

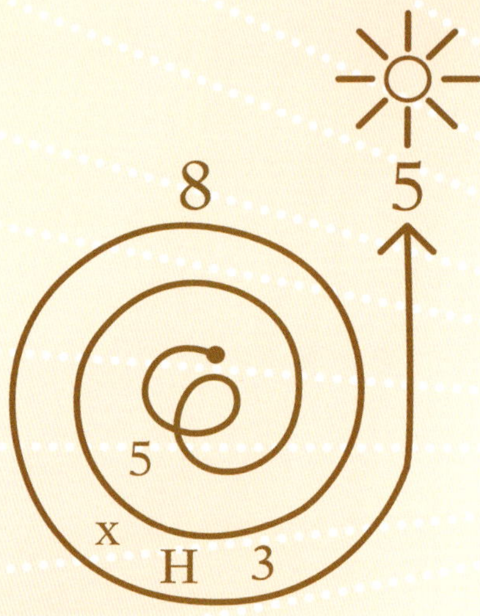

Lichtsprache

Schirie somie tscham

Affirmation

Mein Energiefeld ist frei und leicht. Jede Zelle meines Seins pulsiert rein und klar. Ich bin rein. Reiner Geist. Reine Quelle.

Botschaft

Heute verbinde ich mich mit der reinen Quelle meines Ursprungs. Möge sich jede Zelle meines Seins reinigen und verbinden mit der Quellkraft. Die Quellkraft füllt mich hier und jetzt mit reinem Licht aus. Reines Licht durchflutet mein Sein. Jedes meiner Chakren findet in den Ausgleich. In die natürliche Zentrierung und Ausgeglichenheit.
Ich bin in Balance und verbunden mit der reinen Hingabe an meine Quellkraft. Mein inneres Zentrum ist vollkommen ausgeglichen und zentriert.
So sei es. Danke!

Anwendung

Nutze diese Worte, das Symbol und das Mantra der Seelensprache …

- **wenn du deine Chakren und dein Energiesystem reinigen möchtest.**
- **wenn du dich von belastenden Energien befreien willst.**
- **wenn du physische Schmerzen im Bereich deiner Chakren loslassen willst.**
- **wenn du fühlst, dass du aus der Balance geraten bist.**
- **wenn du dein Energiesystem von Fremdenergien befreien möchtest.**

DIE GEBORGENHEIT DER EINHEIT

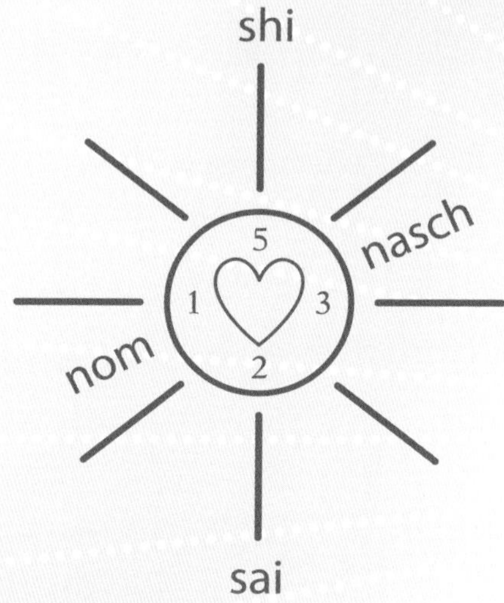

Lichtsprache

Shiva naschtam sai

Affirmation

Ich bin geborgen. Geborgen in den Armen meines Ursprungs.

Mein Inneres ist stets geborgen und umhüllt von den schützenden Armen meines Ursprungs.

Botschaft

Woran auch immer ich glaube, es ist wichtig, dass ich weiß, dass ich stets sicher aufgehoben bin, egal wie stark die Dinge im Außen gerade wackeln. Was auch immer sich in meinem Leben zeigt, es dient meinem höheren Selbst. Auch wenn meine Gefühle und meine Gedanken gerade nicht gefestigt und klar sind, ich erlaube mir, diesen Zustand der Geborgenheit anzunehmen.
Möge diese Zeit der Entwicklung meiner Seele dienen. Möge ich von Tag zu Tag mehr erkennen, dass Geborgenheit mich trägt. Ich bin sicher aufgehoben, egal was sich gerade in meinem Leben zeigt. Mein Ursprung begleitet mich.
So sei es und so wird es immer sein. Danke!

Anwendung

Nutze diese Worte, das Symbol und das Mantra der Seelensprache …

~ **wenn du dich nach Sicherheit in deinem Leben sehnst.**
~ **wenn du das Gefühl hast, dass alles aus dem Ruder läuft.**
~ **wenn du dich allein fühlst.**
~ **wenn du Angst hast.**
~ **wenn du dich nach Liebe sehnst.**
~ **wenn du Sehnsüchte in dir trägst.**

DIE TIEFE LIEBE DEINER SEELE

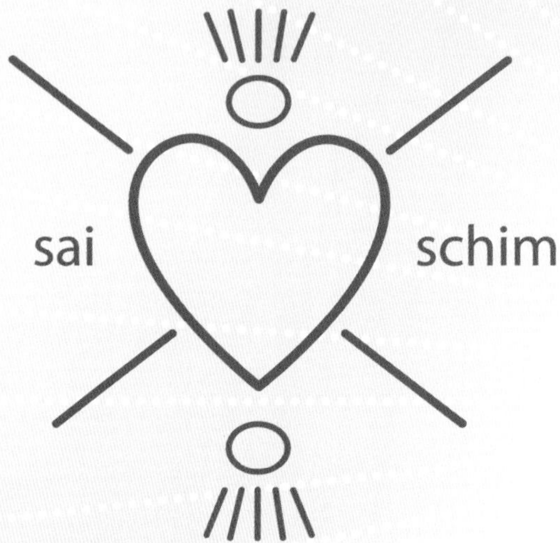

Lichtsprache

Sai schim sai schim nahom

Affirmation

Ich bin tief verbunden mit der Liebe meines Wesens.
Die Liebe meines Wesens erfüllt und umarmt mich.
Ich bin grenzenlose Liebe.

Botschaft

Die tiefe Liebe meiner Seele geht über die Liebe des menschlichen Bewusstseins hinaus. Die tiefe Liebe meiner Seele schenkt mir in Wahrheit die Geborgenheit, die ich im Außen so sehr vermisse. Die tiefe Liebe meiner Seele wartet sehnlichst darauf, mich in ihre Arme zu schließen.
Wieso lasse ich nicht zu, groß zu sein? Wieso halte ich mich selbst auf? Wieso lasse ich nicht zu, dass das, was ich bin, lichtvolle Stärke ist?
Ich bin bereit, mich von allen Begrenzungen aus diesem oder aus Vorleben zu befreien.
Ich bin bereit, der tiefen Liebe meiner Seele zu begegnen und mich auf die Liebe meines Lebens einzulassen, denn die wahre Liebe bin ich selbst.
Ich war es immer und werde es immer sein. So sei es. Danke!

Anwendung

Nutze diese Worte, das Symbol und das Mantra der Seelensprache …

- ~ wenn du dein Selbstbewusstsein, deine Selbstliebe stärken möchtest.
- ~ wenn du fühlst, dass dir Geborgenheit im Jetzt oder in deiner Kindheit fehlte.
- ~ wenn du der Liebe deines Lebens begegnen möchtest.
- ~ wenn du deine Partnerschaft heilen möchtest.
- ~ wenn du deiner Urkraft als Frau oder als Mann begegnen möchtest.

DIE ÖFFNUNG DEINES HERZENS

Lichtsprache

Schirim soma da cor

Affirmation

Ich öffne mich für die Geschenke meines Herzens.

Möge mich die Weite meines Herzens selbst frei machen und mir das Gefühl von Grenzenlosigkeit schenken.

Botschaft

Mein liebes Herz, jeden Tag schlägst du für mich. Jeden Tag eröffnest du mir neue Wege. Jeden Tag führst du mich. Jeden Tag schenkst du mir die Kraft, neu zu beginnen. Jeden Tag bist du mir nah. So nah, dass du meinen Atemzug fühlen kannst. Jeden Tag bemühst du dich, dein Bestes zu geben, um mir Impulse der Seele zu übermitteln.

Lass mich dir heute vertrauen. Lass mich dir heute blind vertrauen, weil ich weiß und tief in mir fühle, dass du der Kanal bist. Der Kanal, der mich zu meiner Seele führt.

Danke, dass du mich erinnerst. Täglich, ohne Pause. Danke, dass du da bist. Ich liebe dich. Ich liebe mich.

So sei es. Danke!

Anwendung

Nutze diese Worte, das Symbol und das Mantra der Seelensprache …

~ wenn du dich eingeschränkt fühlst.
~ wenn du Angst hast, neue Wege zu gehen.
~ wenn du vor einem Neuanfang stehst.
~ wenn du dein Herz verschlossen hast, aus Angst, immer wieder neu verletzt zu werden.
~ wenn du deine inneren Schutzmauern einreißen und dir selbst die Erlaubnis schenken möchtest, deiner wahren Natur zu begegnen.
~ wenn du bereit bist, dir selbst und deinem Gegenüber pure Liebe zu schenken.

DIE VERBUNDENHEIT DER EINHEIT

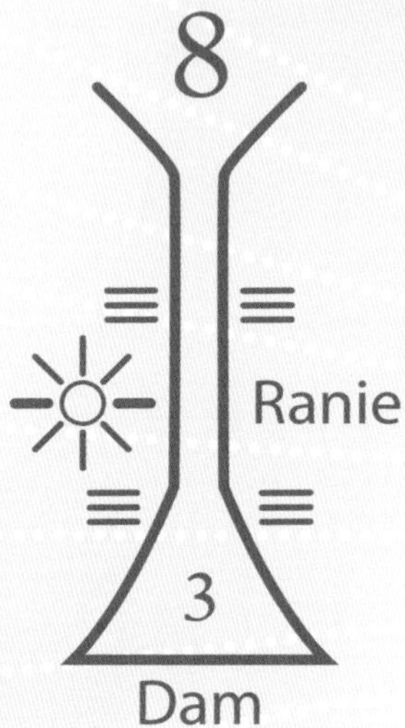

Lichtsprache

Raniescham somam

Affirmation

Ich bin aufgehoben in den Schwingungen der Einheit. Eingebettet in die Kraft der Magie, die mich auf dieser Erde und darüber hinaus begleiten wird.

Botschaft

Ich bin verbunden mit der Einheit meines Ursprungs. Die Einheit meines Ursprungs fließt durch mich. Die Einheit meines Ursprungs begleitet mich. Ab dem jetzigen Moment, wenn ich diese Worte spreche, erinnere ich mich, dass ich aufgehoben bin. In den göttlichen Armen der Einheit. In der Lichtkraft meines Ursprungs. Ab dem jetzigen Moment erinnere ich mich, dass ich mit vielen Seelenfreunden auf der Erde bin. Sie sind damit beschäftigt, ihren Plan zu erfüllen, so wie auch ich das bin.

Doch nun handle ich neu. Ich erlaube mir, die Verbundenheit zu fühlen, auch wenn wir verteilt sind auf dieser Erde. Auch dann fühle ich von Tag zu Tag mehr, dass ich Teil eines großen Plans bin und dieser Plan gerade durch mich und mit mir geschieht.

Ich bin Teil eines großen Ganzen. Teil einer Schöpfung. Ich bin verbunden. Ich war es immer und werde es immer sein. So sei es. Danke!

Anwendung

Nutze diese Worte, das Symbol und das Mantra der Seelensprache ...

- **wenn du dich einsam fühlst und nach Zugehörigkeit sehnst.**
- **wenn du tiefe Sehnsüchte spürst, sie jedoch nicht erfüllen kannst.**
- **wenn du dich auf dieser Erde fremd fühlst.**
- **wenn du Angst hast, den Halt im Leben zu verlieren.**
- **wenn du einen Hang zu Depressionen hast.**
- **wenn du das Gefühl hast, hier nur zu Besuch zu sein.**
- **wenn du seit deiner Kindheit fühlst, dass du auf dieser Erde irgendwie fremd bist.**

DIE RÜCKKEHR DER EINHEIT

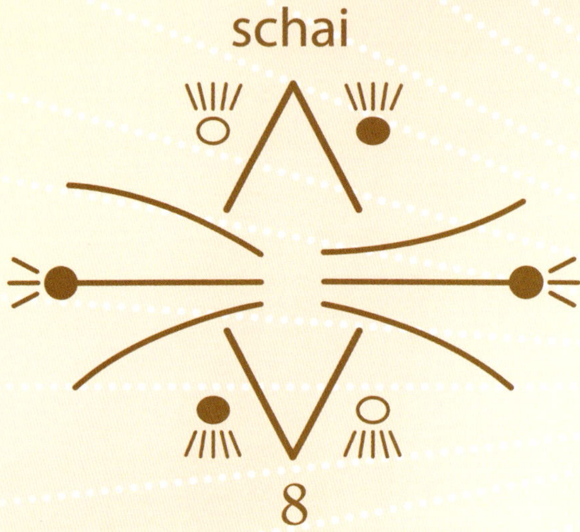

Symbol

Schai e sai dam

Affirmation

Ich bin bereit zu empfangen, was für mich bestimmt ist. Ich werde täglich reich beschenkt und die Wunder meines Lebens offenbaren sich in ihrer höchsten Strahlkraft.

Botschaft

Ich bin bereit, den Plan meines Ursprungs in meiner vollsten Lichtkraft umzusetzen. Dem höchsten Wohl der Erde und meinem höheren Selbst zu dienen liegt in meiner Natur.

Es ist Zeit, die goldene Zeit. Es ist Zeit, meine Pionierkraft in ihrer vollsten Essenz strahlen zu lassen. Es ist die Zeit, meinem Wesen die vollste Erlaubnis zu schenken, groß zu sein, groß zu denken und groß zu manifestieren.

Ich bin ein grenzenloses Wesen und finde nun auf allen Ebenen zurück in meine innere Freiheit.

Täglich lebe ich meine innere Wahrheit tiefer und erlaube mir, die Kraft nach außen strahlen zu lassen, die ich in der Tiefe meines Herzens trage.

Ich bin reine Strahlkraft.

So sei es. Danke!

Anwendung

Nutze diese Worte, das Symbol und das Mantra der Seelensprache …

- wenn du deine volle Strahlkraft entfalten möchtest.
- wenn du bereit bist, deinem ureigenen Plan auf der Erde zu dienen.
- wenn du deine Pionierkraft auf dieser Erde, in dieser Inkarnation verankern möchtest.
- wenn du mehr Selbstvertrauen und Selbstbewusstsein erlangen möchtest.
- wenn du deine Ausstrahlung erweitern und ausdehnen möchtest.

SCHLUSSWORT

Bitte versprich mir, dass du deinen Weg immer weitergehst, auch wenn sich alter Schmerz zeigt. Gerade dann bist du noch viel stärker, noch viel tiefer verbunden mit der Einheit und der Reinheit deiner Seele, als du denkst. Bitte versprich mir, dass du dir erlaubst, groß zu sein, denn dafür bist du hier, gemeinsam mit mir.

Bitte lass zu, dass alles, was in diesem Buch an Prozessen durch dich und mit dir geschehen ist, die Magie deines Lebens aufleben und den Ursprung deines Seins tanzen lässt.

In der Tiefe deines Seins gibt es einen Ort, der fühlt, was ich meine. Da in der Tiefe deines Wesens gibt es einen Ort, da werden wir uns wiedersehen. Da werden wir uns umarmen und gemeinsam jubeln. Jubeln, dass wir es geschafft haben, auf dieser Erde gemeinsam zu inkarnieren und zu wirken. Und da werden wir neue Wege eröffnen und neue Werte installieren, so wie wir es einst geplant hatten, auf der Klippe, in unseren Ritualen, an den Orten, wo Magie die Luft erfüllt und Wärme unsere Herzen umarmt hat.

Aus so vielen alten Inkarnationen tragen wir Muster und Prägungen in uns. Zusätzlich zu den Lasten unserer Ahnen, die ebenfalls in uns weiterwirken. Bitte versprich mir, dass du über all diesen Schmerz hinauswächst, während dein Blick nach vorn gerichtet ist.

~ **Geh weiter, auch wenn es sich manchmal so anfühlt, als ob die Welt gegen dich arbeitet. Auch dann geh einfach weiter.**

Auf deinem Weg des Erwachens wird es immer wieder Gefühle von Leere geben und oft wirst du dich auch nicht als Teil dieser Gesellschaft fühlen. Das ist okay. Es ist Teil deines Plans, der dich stärker macht. Es ist okay, dass du diese Gefühle hast. Es ist sogar wichtig für dich und deine Entwicklung. Wie sonst sollst du als Mensch erfahren, dass du mit einer Mission hier auf Erden bist? Wie sonst könntest du es schaffen, diese Erde zu einem schöneren Ort zu machen?

Und noch einmal möchte ich aus der Tiefe meines Herzens, meiner Seele betonen, dass dein Leben mit dir und durch dich geschieht. Ich glaube nicht an eine Vorherbestimmung und damit auch nicht den Menschen, die dir die Zukunft voraussagen wollen. Ich glaube, dass jeder von uns einen gewissen Teil im Universum für sich abgesteckt hat. Wie Eckpunkte, die wir erleben und untersuchen wollen. In gewisser Weise sind es To-dos für unsere Zeit hier auf Erden. Und ich fühle, dass jedes Wesen mit seinem freien Willen so vieles kreieren und erreichen kann.

Mir hat beispielsweise mal ein sogenanntes Medium gesagt, ich sei nicht hier, um Fernsessions für Klienten zu geben, das könne ich nicht. Dafür sei ich nicht stark genug. Dieser Satz ist mir damals so tief reingegangen und hat sich in jeder meiner Zellen festgesetzt. Ich glaubte ihn. Irgendwann aber habe ich mein Herz gefragt, ob das wirklich stimmt. Denn ich habe mich dabei leer gefühlt. Ich fühlte, dass da jemand mit bestimmten Vorstellungen über mich in mein Leben getreten war und dass ich das nicht zulassen wollte. Seit diesem Tag ist mein ständiger Begleiter die Affirmation »Ich bin grenzenlos frei, ich selbst zu sein«. Denn niemand, keine Seele, keine Instanz hat das Recht, meinen Weg zu bestimmen. Ich bin rein und in meiner vollen Lichtkraft verankert. Und das bist auch du. Mittlerweile gebe ich nur noch Fernsessions und sie sind umso kraftvoller.

Frage dich bei allen Aussagen, die von außen (und auch von diesem Buch) zu dir kommen: Stimmt das für mich wirklich? Fühlt es sich für mich und meine Wahrheit stimmig an? Ich bin mir sicher, dein Herz wird dir antworten, wenn du dir erlaubst, auf deine Gefühle zu hören, denn deine Gefühle lügen nie.

Und so erinnere dich, in der Quelle unseres Seins gibt es einen Ort, da sind wir alle verbunden. Da bist du und ich, da sind wir eins. Und da werden wir uns auf ein Neues begegnen, hier auf Erden. In einer ganz neuen Version, auf einer ganz neuen Ebene.

Und da stehen wir nun, fest verankert, fest verbunden mit Mutter Erde, bereit für ein neues Abenteuer. Bereit für das Abenteuer Leben auf dieser Erde. Und weißt du was? Lass es uns gemeinsam rocken. Rocken in und mit der Einheit.

Deine Katja, deine Lamanda

DANKSAGUNG

In tiefer Demut verneige ich mich vor all den Menschen, die mich auf dem Weg des Schreibens begleitet, unterstützt und wachsen lassen haben. Ich bin euch allen zutiefst dankbar, dass ihr Teil meines Weges auf Erden seid. Ich möchte euch allen aus meinem tiefsten Inneren Danke sagen. Danke für all die Momente, die ihr mir von eurer wertvollen Zeit geschenkt habt. Jeder von euch hat einen großen Teil dazu beigetragen, dass ich nun hier stehe, wo ich bin, und dafür gibt es keine Worte. Ich sende euch allen eine innige Umarmung auf der Herzebene. Danke, danke, danke.

- Anja Schmidt, Stellvertretende Verlagsleiterin GU
- Antje Schreiber, Verlagsvertreterin für GU
- Diane Zilliges, Lektorin
- Stefanie Barmettler von Feingefühl Design, spirituelle Grafikerin
- Patricia Schweizer von Graphic Lounge, Illustratorin der Lichtsymbole
- Gregor Becker von abra flow, Hintergrundmusik meiner Gesänge
- Marco Brodbeck, Gitarrenbegleiter bei meinen Konzerten
- Rubys Cafe, wo ich viele Stunden mit tollen Menschen verbringen durfte und auch einen großen Teil des Buches geschrieben habe
- Die göttliche Quelle und mein geistiges Lichtteam
- Meine verstorbenen Ahnen
- Meine Familie und die meines Mannes, die immer hinter mir stehen
- Mein wundervoller Mann, der mein Wirken schützend, erdend und wertvoll im Hintergrund unterstützt und begleitet
- Mein Baby, mein Sohn, der zum Zeitpunkt der Veröffentlichung des Buches auf Erden mit uns weilt und bestimmt viele neue Bewusstseins- und Erkennungsfelder in mir als Mutter, aber auch in uns als Menschen und als Einheit eröffnen wird

HIER FINDEST DU MEINE URGESÄNGE UND VIELES MEHR

Auf meiner Website gibt es viele Angebote, die ich speziell für dieses Buch zusammengestellt habe: Da sind vor allem meine heilsamen Songs in der Lichtsprache und es gibt weitere wertvolle Impulse wie Powerübungen und Übersichten zu Kraftorten und zu Lebensmitteln, die deine Schwingung erhöhen können. Scann dir einfach diesen Code und du kommst auf die exklusive Seite meiner Website.

NEUE WELTEN ENTDECKEN

ISBN 978-3-8338-8108-4

ISBN 978-3-8338-8107-7

ISBN 978-3-8338-8112-1

ISBN 978-3-8338-7999-9

ISBN 978-3-8338-8031-5

Alle hier vorgestellten Bücher sind auch als eBook erhältlich.

Mehr von unum auf **www.unum-verlag.de**

LIEBE LESERINNEN UND LESER,

wir wollen Ihnen mit diesem Buch Informationen und Anregungen geben, um Ihnen das Leben zu erleichtern oder Sie zu inspirieren, Neues auszuprobieren. Wir achten bei der Erstellung unserer Bücher auf Aktualität und stellen höchste Ansprüche an Inhalt und Gestaltung. Alle Anleitungen, Übungen oder Rezepte werden von unseren Autoren, jeweils Experten auf ihren Gebieten, gewissenhaft erstellt und von unseren Redakteur*innen mit größter Sorgfalt ausgewählt und geprüft.

Haben wir Ihre Erwartungen erfüllt? Sind Sie mit diesem Buch und seinen Inhalten zufrieden? Wir freuen uns auf Ihre Rückmeldung. Und wir freuen uns, wenn Sie diesen Titel weiterempfehlen, in Ihrem Freundeskreis oder bei Ihrem Online-Kauf.

Sollten wir Ihre Erwartungen so gar nicht erfüllt haben, tauschen wir Ihnen Ihr Buch jederzeit gegen ein gleichwertiges zum gleichen oder ähnlichen Thema um.

KONTAKT ZUM LESERSERVICE

GRÄFE UND UNZER VERLAG
Grillparzerstraße 12
81675 München
www.gu.de

Ein Unternehmen der
GANSKE VERLAGSGRUPPE

IMPRESSUM

unum

unum ist eine eingetragene Marke der GRÄFE UND UNZER VERLAG GmbH, www.gu.de

ISBN 978-3-8338-8036-0
1. Auflage 2021

Projektleitung: Anja Schmidt
Lektorat: Diane Zilliges
Bildredaktion: Anja Schmidt, Diane Zilliges
Umschlaggestaltung und Layout: ki36 Editorial Design, Daniela Hofner
Coverfoto: Veronika Bendik/Bendik Photography
Herstellung: Susanne Fuhrmann
Satz: Christopher Hammond
Repro: Longo AG, Bozen
Druck & Bindung: Drukarnia Dimograf, Polen

Umwelthinweis:
Nachhaltigkeit ist uns sehr wichtig. Der Rohstoff Papier ist in der Buchproduktion hierfür von entscheidender Bedeutung. Daher ist dieses Buch auf PEFC-zertifiziertem Papier gedruckt. PEFC garantiert, dass ökologische, soziale und ökonomische Aspekte in der Verarbeitungskette unabhängig überwacht werden und lückenlos nachvollziehbar sind.

Bildnachweis:
Adobe Stock: S. 18, 80, 184; iStockphoto: S. 3, 8, 26, 33, 37, 38, 51, 61, 74, 76, 86, 94, 134, 141, 149, 162, 194; Osvaldo Castillo/Pexels: S. 110; Shutterstock: S. 14; Veronika Bendik/Bendik Photography: S. 5

Illustrationen: Graphic Lounge Patrizia Schweizer

Syndication: www.seasons.agency

Die unum-Homepage finden Sie unter: www.unum-verlag.de

PEFC zertifiziert

Dieses Produkt stammt aus nachhaltig bewirtschafteten Wäldern und kontrollierten Quellen

www.pefc.de